朝日新書
Asahi Shinsho 986

なぜ今、労働組合なのか

働く場所を整えるために必要なこと

藤崎麻里

朝日新聞出版

なぜ今、労働組合なのか

働く場所を整えるために必要なこと

目次

Ⅱ　日本編――政策提言　85

Ⅳ 米国編——現場から 249

はじめに

こうすればもっと働きやすくなるのに。

なぜこのような待遇なのだろうか。

上司の対応に不満がある。

悩んでいるけど、誰に相談したらいいかわからない。

ふだん働いている職場について、そんな風に感じたことがある人はいるのではないだろうか。

でも意見を言える場がない。もしくは、一人だと言い出しづらい。

東京都内で、ＩＴ企業やメディア業界で働いてきたある40代の女性はこれまで働いた複数の会社で働きづらさがあったり、理不尽な思いをしたりしたことがあっても、自らが転職した。職場に労働組合（労組）はなかった。新規ビジネスを立ち上げたく、起業する道を選んだが、取引先の１００社以上でも労組があると聞いたことがなく、どこかで〝昔の枠組み〟だと感じてきたという。

労働組合は、こうした日々働き手が感じる働き方、働く場の課題を改善していく社会的な機能だ。でも、労働組合というと、デモやストといったイメージがある人もいるかもしれないし、そもそもどんなものなのかイメージすらない世代も多いかもしれない。数字で見れば、いま日本で働く人のうち、10人のうち8人は労組に入っていない。

労組からあがった「カスハラ」という問題

職場で声があがることで、必要に応じて職場でルールが作られるようになり、それが広く支持を得られれば、政府に対し政策提言へとつなげていくこともある。

そうして生まれたのが、いまでは当たり前のようにある「週休二日」や「育児休業」だ。一日の勤務が終わった後、翌日の出社までの間に、一定期間以上の休息時間を設けて、生活や睡眠時間を確保する「勤務間インターバル」制度や、「不妊治療休暇」を要求したのも労組だった。各企業の労働組合が従業員規則などで決めるようになり、それが法律などに組み込まれるようになって広く浸透していくようになった。

制度だけではない。最近でいえば、従業員が客から受ける理不尽な扱いを問題化する「カスタマーハラスメント」も、労組からあがるようになったテーマだ。

2004年のプロ野球選手によるストライキを記憶している人もいるかもしれない。日本プロ野球選手会は、労働組合と一般社団法人、両方の法人格をもつ。名前こそ「選手会」だが、野球選手という労働者の労組としてストをうったのだった。

あの当時、一部球団オーナーの主導で1リーグ制にしようとする球界再編に揺れる中で、選手や球団関係者の雇用を守るため、初めてストライキを実施して、2リーグ12球団の維持につなげた。

労組は、経営者に対して、弱い立場におかれがちな働き手が、対等な立場で賃金や働く場のルールなど労働条件を議論できるようにする仕組み。法的に整備されることで、働く人が守られてきた。各国では歴史や文化も違い、どうやったら組合が作れるかなど法律も異なるが、それでも基本的な機能は同じだ。

なぜ一つの職場にとどまらない動きになるのか。それは、一つの企業や職場について解決するだけではなく、企業や業界単位の議論を超えられるように、労組側もふだんから互いに交流し、連携できる連合体の枠組みがあるからだ。

それが企業別労働組合などが加盟する産業別組合と呼ばれる団体や、46の産業別組合の集合体である連合（日本労働組合総連合会）本部だ。雇われている働き手と雇用主の間だけで交渉するよりも、いっせいにいくつもの職場で情報交換しながら交渉する方が、雇用側に対して交渉力を持てるようになる――そんな考えが背景にある。

たとえば、電機メーカーなどで働く働き手の企業労組を束ねる産業別組合「電機連合」には、2024年7月時点で家電や半導体、部品や情報にかかわる612企業別労組からの58万4701人の組合員がいる。

企業と労働条件をいっせいに協議する「春闘」は、賃上げが注目されがちだが、働き方の改善を促す要求もされている。電機連合は2006年に不妊治療、そして2020年にはSOGI（性的指向と性自認）への理解促進も要求し、2024年には更年期障害への対応を初めて要求した。当時、電機連合中央執行委員の大崎真さん（現・安川電機労働組合中央書記長）は、「要求が上がっていなかった更年期障害を盛り込むかは議論があったが、声があげづらい状況の中で、社会問題にもなっており、今後、働く人の身近な問題に発展する可能性もあったため、要求内容へ盛り込んだ」と話した。

2024年の春闘では、障がいがある子どもや医療的ケアが必要な子どもの支援も入った。毎年秋に、要求作りに向けた話し合いの場があり、そこで、障がいのある子どもがいる組合員から「キャリアをあきらめることがない制度を検討してほしい」「中学生以降も一人で留守番をするのが難しい。（現在は小学生までの）短時間勤務制度を利用する際の年齢制限を引き上げてほしい」といった要望が寄せられていた。

電機連合として、2022年に障がい者支援のガイドラインをつくり、政府の審議会にこうした声を届けた。その上で、2024年度に政府の施策が始まる動きに先駆けて、春闘で、障がいのある子どもをもつ親への支援となる取り組みを各企業の労働組合で要求するよう方針を示した。

電機連合内の調査によれば、こうした取り組みが、電機連合の方針の水準に到達していないとしたのは351組合。2024春闘では89労働組合がこうした配慮を求める要求を出し、39組合が交渉の末、電機連合の方針の水準を勝ち取った。

こうやって少しずつ、だれもが働きやすい環境を広げていっている。出口直哉中央執行委員は「仕事と生活を両立させることも労組の大きな役割の一つであり、産別労働組合として、その牽引役となれるよう、問題を抱える働く人の声があげやすい環境づくりをおこなっていきたい」と話す。

労組を昔の枠組みと感じてきた冒頭の女性は、労組について知って、「今の時代、すごく使える仕組みではないか」と驚いた。転職したり、ときにリスクもおかしつつSNSで声をあげたりする人もいるが、仕事や信頼を失うようなリスクをとらずとも、本来はいまの職場でも、法的に守られながら相談し、効果的に職場のルールをつくり、ときに政策制度まで広げられる仕組みがあるのだ。

労働組合は、もともとは工業化がすすみ、工場で働く人が増えた欧州の産業革命後、働き手を守るために生まれ、広がった。だからどの国でも、製造業で多く、その後に発展したサービス業やITなどといった新しい産業では十分浸透していない。

こうした経済の産業構造の変化に加え、働き方もかつてのように全員が同じように雇用されるだけではなく、派遣や非正規、フリーランスと多様化してきた。その結果、労組がどうかかわるかは国際的にも課題になっている。

時代的な背景も影響してきた。1980年代に新自由主義が広まり旗が振られた民営化では、大きな政府から小さな政府へと、これまでの公の役割が民間にゆだねられる流れが進んだ。政府側の財政を健全化する狙いもあり、民間の効率の良い運営に変えていく、という当時の主張が、世論には受け入れられた。

米国ではレーガン大統領、英国ではサッチャー首相が公的分野の民営化を進め、日本でも自民党が国鉄の民営化を推し進め、その後、通信など公にあった事業が次々と民営化されていった。このときに反対した労組は、自分たちの雇用ばかりを守りたい「既得権益」側にあるとむしろ批判され、「抵抗勢力」として描かれていった。米国などでは労組に対して厳しい政策もとられたほか、日本でも1980年代、政治目的とされた事実上の国労（国鉄労働組合）解体などにもつながった。

その後、日本では経済が落ち込んだバブル崩壊後のデフレ下で、経済全体の底上げにつながるような賃上げを求める声よりも、企業の経営をおもんぱかったり、自分たちの雇用維持が優先されたりしたといわれた。結果的に企業が増やした非正規で働く人が増えたことや、労組も当初、その待遇改善をめざす姿勢が不十分だったという点も、批判されてきた。

労組の機能が社会に組み込まれているような北欧のような国もあるが、たとえば製造業が強かった米国、英国、ドイツなどでだいたい同じ傾向があったといわれる。

ただ異なるのは、それがいま、変わりつつあることだ。

労組「回帰」の動き

2020年代のコロナ禍や物価高を前に、米国でも欧州でも労働組合によるストが繰り広げられ、一定の存在感を示した。背景には、社会のなかに根強くのこった「労組は時代遅れ」という言説に対抗するための労組側の改革もあった。社会全体を意識した活動や、ほかの社会運動とつながろうとする動きも広がった。目立ったのは、格差を不公正として、是正を求める声だ。

実は、こうした労組自身の奮闘に加え、政府による政策的な見直しもおこなわれるようになってきている。民営化をはじめとする新自由主義的な政策で、競争が激化する一方、社会のなかで格差は広がった。こうした行き過ぎた資本主義への反動から、失われた中間層の再構築をめざし、労組への「回帰」ともいえる動きが出始めている。

米国やドイツといった、日本が参考にしてきた経済圏で、労組のもつ社会的なセーフティーネット機能が再評価され、機能強化に向けた議論が進んでいたのだ。

なぜ今、労働組合なのか。

本書では、日本の労組の現在地を探るため、現場を見ていきたい。まず、アニメ制作は成長産業で人手不足なのに、働き手の賃金があがらず、労働組合が一つの解決策になっている現状をみていく。また労組があるからこそ、春闘など、賃上げをすすめられ、大企業と中小企業の待遇格差を解消しようとする取り組みがあることや、カスタマーハラスメントといった職場の不満や不安を、政策的に解消する道筋をつくりやすいことを書く。

昨今、労組は困った状態になった働き手が最後にいく「駆け込み寺」のような印象すらあるかもしれない。だが本来は、日常的に参加しながら、労使が対等に話し合って働く場の問題の解消をめざす、法律に守られた仕組みだ。そんな視点から労組の役員経験があるメディアパーソナリティーの小島慶子さんに「職場をカスタマイズ」してきた経験も聞く。

労組は、政策で位置付けることで、もっと社会の課題解決につながる可能性を秘める。具体的には、経済政策で注目される賃上げや、働き手の学びを進めるリスキリング、そして外国人政策などが挙げられるだろう。ワークルールが広がれば、もっと未然にさまざまな社会問題を防げるかもしれない。一方で、これまでも現状も、労組をめぐる政策の環境は整っているとは言い難い。労組が、非正規の雇用が生み出される過程で十分に防波堤になれなかった批判をふまえつつ、労組の可能性、必要な改革、労組以外とのアクターとの連携のあり方も模索した。日本の取材は書き下ろした。

最後に、GLOBE2024年1月号のため、23年秋に渡米して取材した労組の現場を描く。すでに紙面やオンラインサイト（GLOBE+）でも書いているものもあるが、本のために改めて追記や再構成などした。

先駆けて労組改革に挑んだ伝統的な労働組合シカゴ教職員組合、大きな変化が生まれていた代表的な産業別組合の全米自動車労働組合、新しい労組の姿として打ち出しているグーグルの働き手の労組を追った。当時のワシントンDCの政策の現場も含め、盛り上がり、世論の支持が高まっていた背景には、働き手間や、組合外の社会にある格差の問題と向き合う労組の変化があった。

I　日本編——現場から

第1章　職場の働きやすさをつくる

――「カスハラ」の舞台裏

「暴力・暴言」「不当な要求」「無断撮影」「セクハラ行為」

東京都内を走るタクシーの助手席の背に張られたシールには、運転手にとっての「カスハラ行為」の言葉が、それを表す絵とともに並ぶ。

東京都も2024年秋、都議会に、全国で初めて「カスハラ」条例案を提出した。東京都内で、客からの迷惑行為を防ぐため、官民に対策を求める内容だ。罰則規定はないが、民間企業の客だけではなく、自治体の窓口や議員から自治体職員に対する行為も含んだ幅広い内容だ。

ちょっと前まで聞かなかった「カスハラ」は、顧客が従業員に対しておこなうハラスメントを意味するカスタマーハラスメントの略称だ。「お客様は神様」という考え方が強かった日本で、働き手の権利や働く環境が守られるよう、客が悪質なクレームをつけることを問題化した。

火付け役は労働組合。最も人数が多く、スーパーやドラッグストアといった流通業で働く人が多く入る産業別組合のUAゼンセンから始まった。

土下座させられるコンビニ店員

２０１５年11月ごろ、東京千代田区にあるＵＡゼンセンの会議室で開かれた流通部門の社会政策委員会に、流通業に加盟する組合の委員長ら14、５人が集まっていた。

そのなかの一人がスマートフォンのＳＮＳアプリで流れ、広く拡散されている動画を示して言った。

「僕らも、こんなことあるよね」

一つの動画では、アパレルで働く従業員が客に土下座させられていた。また別の動画では、コンビニで働く従業員が従業員控室に連れ込まれて土下座させられ、売り物の煙草のカートンボックスを差し出させられていた。宅配便を持って行った配達員が、客がいなかったために戻って再配達のときに、その客にチェーンソーで脅される場面もあった。

実はサービス業で働いている人の多くが、大なり小なり、客からこうした理不尽なクレームを受けた経験があった。逆に「当たり前」にもなってしまっていた。ただＳＮＳの反応をみながら、「これは問題化していいことなのではないか」という気づきが生まれたのだ。

委員会では、テーマとして考えていくことにして、その上の部会などにその報告をした。ただ、ポジティブな反応ばかりではなかった。そこに参加する委員長らの多くは、理不尽なクレームも含めて「問題を乗り越えられて、波風たてないのが一人前」という意識も根強い世代。「従業員の成長の機会を奪うことになる」という声すらあがった。

この問題に当初から取り組んだUAゼンセンの常任中央執行委員、波岸孝典氏（流通部門事務局長）は「お客様に非はない、と育ってきたし、こんなことを発信したら逆に企業も組合もバッシングを受けるのではないかという感覚があった」と振り返る。波岸さん自身は北海道出身で、1994年に北海道の百貨店の丸井今井（現・三越伊勢丹傘下）に入社。販売業務などに携わった後、労働組合の専従となって委員長を経験し、さらに流通業界を横断的にみる産業別組合で働いてきた。

当時、UAゼンセンは2012年に、繊維業界などがはいるUIゼンセン同盟と、百貨店やサービス業で働く人たちのサービス・流通連合が合流したばかり。流通の会社が増え、レジで働いたりするパート組合員が全体の6割を超える中、産業別組合として取り組むことを模索していた時期だった。

社会政策委員会では、1年ほど議論は続けた。意見はまだ割れていたが、「やっぱり捨て置けないね」。流通部門執行委員の安藤賢太さんが、省庁と意見交換をすることになった。安藤さんは1998年にジャスコ（現・イオン）に入社し、仙台中山店で鮮魚を担当。2003年から現・イオンリテールワーカーズユニオンの専従となり、14年からUAゼンセンに出向していた。

15年末から厚生労働省、経済産業省、消費者庁、警察庁などと意見交換を始めた。だが、役所側に「悪質クレームの定義は?」「実際、どのくらいの人が困っているのか?」と尋ねられても、すぐには答えられなかった。ただ現状では何らかの手当てがとられていないこと、そして問題化していくためには、定義や数が必要だということが明確になった。

「お客様は神様です」とのはざまで

次の1年の重要事項や方針を決める定期大会の場で、UAゼンセン流通部門は2016年、「サービスをする側と受ける側が共に尊重される社会をめざす」という決議をおこなった。「お客様は神様です」という認識が根強い中で、初めて「サービスをする側が、格下のように扱われない」という考えを打ち出したのだ。

実はこの段階では、政策としてはどう打ち出せるかもわからなかったが、このタイミングで課題として取り組むことを提起したい、と考えた背景の一つには、労働組合としての事情もあった。2019年の参院選で、流通の組合員が立候補するかたちで、参院議員を擁立することになっていた。自分たちが困っていることを政治で解決する。そのために法律などを変えることで、組合員にも変化が実感される。だから社会政策委員会では当初から、組合員の困りごとで法制化をめざす取り組みをしたいという考えがあった。

とはいえ、現場で模索する波岸さんにとっても法制化は当初、遠い目標のような気がしていた。セクハラの措置義務のようにはできないか。そういうイメージは持っていても、自分たちでも何に対して、どういう抑止力を持たせるべきかもわからなかった。

約5万3千件寄せられた迷惑行為の実態

転換点になったのは、2017年の接客対応をしている組合員に対しておこなった悪質クレーム（迷惑行為）に関するアンケートの結果だった。省庁との意見交換を通じて、実態を示すデータの必要性を実感し、UAゼンセンが初めて調査したのだ。

2017年6月1日から7月14日にかけておこなわれたアンケートの対象は、販売やレジ業務、クレーム対応スタッフら。UAゼンセン流通部門が当時、100万人規模だったので、2%にあたる2万件の回収をめざしていたが、締め切りを過ぎても回答が寄せられ、最終的には約168組合から、約5万件強集まった。当時はアンケート用紙だったが、「私にも書かせて」という組合員が続出し、回答用紙が何枚もコピーされたのだという。

回答者は、10~70代の男女で、女性が65%を占めた。年齢別では10代も539件、20代が7396件、30~50代がそれぞれ1万件以上あった。組合員にとって、それだけ切実なテーマだということが伝わった。

アンケートの結果によると、「業務中に来店客からの迷惑行為に遭遇した」と回答した人は73・9％。複数回答を認めるなかで、迷惑行為の内容について聞いたところ、最も多いのが「暴言」で27・5％で、2万4107件あった。「何回も同じ内容を繰り返すクレーム」（16・3％）、「権威的（説教）態度」（15・2％）、「威嚇・脅迫」（14・8％）、「長時間拘束」（11・1％）が続いた。

ほかにも「セクハラ行為」（5・7％）、「金品の要求」（3・4％）、「暴力行為」（2・0％）、「土下座の強要」（1・8％）といったことまであった。さらに「SNS・インターネット上での誹謗中傷」も0・5％で、465件あった。

迷惑行為を受けた人は自身にあった影響として、ストレスをあげた。「強いストレスを感じた」（53・2％）、「軽いストレスを感じた」（36・1％）と答え、約9割がストレスを感じていた。一方で、迷惑行為にあったときの現場での対応の難しさも浮き彫りにした。「謝り続けた」（37・8％）、「何もできなかった」（5・8％）が、計43・6％を占めた。

こうした迷惑行為は、回答者の49・9％が「増えている」と答えた。

自由記述欄で浮かび上がったその中身も悪質だった。

「お客様が購入した包丁の切れ味が悪いとのことで、返品対応した際、『高い商品を買ったのに研いでも切れない』とその包丁をむきだしで、こちらの顔まで近づけてきた」

「商品の場所を聞かれ、その場所へ案内して、商品に手を指してお伝えしたところ、『なんなんだ、その態度は?名前は何と言うんだ?』と胸ぐらをつかまれた」

「女性従業員の身体に触れるセクハラをされるお客様が来店され、止めようとする男性従業員への接客に対するクレームをつけてきた。110番通報し、厳重注意をしたところ、逆切れされ、通報した私に対して誹謗中傷をインターネット掲示板へ実名をあげて提示し、説教された」

労組によってはすぐにも取り組むべき事案も含まれていた。そもそも自由記述欄がこんなに書かれることも珍しいという。

UAゼンセン流通部門内の「クレーム対応できてこそ一人前」「お客様の申し出が最優先」といった考え方や風潮が一変した。現場の実態のひどさが可視化され、対応が必要だと認識が共有されるようになった。報道で取り上げられ、世論の関心も生まれ始めた。

同じころ、波岸さんたちが、アンケートと同時並行で進めていたのが、こうした迷惑行為に関するガイドライン作りだった。省庁との意見交換でも、定義を尋ねられ、自分たちの考えを整理しておくことが重要だと思ったからだった。

UAゼンセンにはインハウスの弁護士の松﨑基憲さんがいて、ガイドラインの素案をつくってもらった。ただ「悪質クレームの定義とその対応に関するガイドライン」として出てきたのは、労組のガイドラインというよりも、法律の文言のように表現が硬い文章。波岸さんたちはいったんたじろいだ。「組合のガイドラインだし、困ったときは○○に伝えるとか、もっとわかりやすい方がいいのではないか」

社会政策委員会において、1カ月ほど議論したが、最後に松崎さんから言われた。「法改正まで視野に入れるなら役所とやりとりすることになる。そのときは、こういう言葉遣いがいいですよ」。その言葉に従った。実際、その通りだった。

乗客による迷惑行為を違法とする

定期大会で決議をした2016年11月から、連合傘下のほかのサービス業で働く従業員がいる産業別組合とも意見交換を始めた。最初は、JRで働く職員らのJR連合、日本郵政で働く職員らのJP労組、サービス業界で働く職員らのサービス連合、航空業界で働く人たちの航空連合をまわった。航空会社で働く人たちの航空連合からは、乗客による迷惑行為を違法とする改正航空法が成立し、客室乗務員が理不尽な要求を拒否できるようになったと聞いた。

次にまわったのが、同じく連合傘下で、政策制度に絡む要求が出やすく、日常的にロビイングをしている産業別組合だった。自動車業界で働く人たちの自動車総連、電力業界で働く人たちの電力総連、自治体職員の組合である自治労だ。最大産別といわれるUAゼンセンには製造業から流通業まで幅広い業種の組合が入るが、あまり霞が関まわりをしていなかった。このため、波岸さんと安藤さんは、政策づくりの進め方やロビイングについて学ばせてもらった。決定権をもつ大臣や事務次官、交代が多い役所の幹部だけではなく、その分野に長い官僚や職員とも意見交換することが重要だと教えられた。

どこの産業別組合をまわっても、サービスを担う働き手が理不尽な思いを抱えざるを得ない、同じような課題を抱えていた。それでも同じ連合傘下とはいえ、業種を超えてコラボレーションを組むにはまだハードルがあった。

新しい問題や概念を提起し、広く巻き込むには、どう打ち出すか。その戦略を考えるため、波岸さんは2018～19年ごろ、連合に出向していたUAゼンセンの幹部に相談した。

当時、連合にはすでに、消費者団体からUAゼンセンの悪質クレームをめぐる取り組みについて意見が寄せられていた。消費者団体側からすれば、消費者のクレームを問題化すると、消費者の訴える権利が奪われていくのではないかという不安があったのだ。

連合に出向していた幹部には「悪質クレームよりもソフトに訴えたほうがいい」といわれ、2019年の連合方針には「エシカル消費」という言葉が盛り込まれた。倫理的に問題ない形で消費をしていこう、という訴えだ。これで意図することが伝わるのか、と議論はあったが、それでも連合全体の問題意識につなげていくことができた。

同じような構造的問題を抱えていても、当初は、UAゼンセンの中でも、それぞれの業態が異なるなか、問題を可視化するための表現は、難航した。

最終的にいまのカスタマーハラスメント（カスハラ）と落ち着いたのは、厚労省がそう呼ぶようになってからだという。

波岸さんは、言う。

「私たちの立場からはお客様からのハラスメントという表現は出てこなかった。でも厚生労働省がそう呼んだことで、みんなまとまった」

悪質クレーム対策の署名に176万筆

目標だった法制化に向けた一歩は、２０１７年のアンケート結果が出て、始まった。アンケートが公表されて4カ月後の17年11月、厚生労働省「職場のパワーハラスメント防止対策についての検討会」へ消費者からのハラスメント対策について意見具申がおこなわれた。

波岸さんは思う。「アンケート結果の内容もひどく、それが大きく報道もされ、国も無視できなくなったんだろう」

翌年には、ＵＡゼンセンとして、悪質クレーム対策を求める署名活動を展開し、他の産別の協力もえて、１７６万筆を集めた。厚生労働省に段ボール箱で持ち込み、厚労相に悪質クレーム対策の法整備を要請した。

この年、UAゼンセン組織内議員の川合孝典参院議員と、NTTなどの通信業界で働く人たちの情報労連の組織内議員の石橋通宏参院議員が、相次いで国会で質問に立った。石橋議員も、傘下にある病院の働き手の話を聞いて、行き過ぎたクレームや迷惑な行為があることに問題意識があった。またコールセンターなどで働く人たちにとっても、切実な課題だった。

2018年4月に参院に提出された民進党と希望の党が共同でつくった議員立法の「パワハラ規制法案（労働安全衛生法の一部を改正する法律案）」には、こうした問題意識を受けて、労使によるガイドラインの策定などを事業者に義務付ける過剰クレーマーへの対応策が盛り込まれた。この影響からか、18年に成立した「働き方改革関連法」の付帯決議には、企業のカスハラ対策が盛り込まれた。

ただ、すべてがトントン拍子だったわけではない。2019年に労働施策総合推進法が改正され、パワハラ防止が義務付けられたが、カスハラは措置義務に入らなかった。パワーハラスメントや長時間労働の是正が当時の議論の中心でもあって、当時は政府関係者から「パワハラも、セクハラも10年かけてきた。カスハラは、まだ消費者団体との意見交換が少なすぎる」ともいわれた。

ただ、全面的な否定ではなく、将来に余地を残した表現でもあった。波岸さんと安藤さんはあきらめず、あらゆる機会をとらえて、カスハラの問題の提起を続けた。

同じ年に厚生労働省審議会で検討された「改正労働施策総合推進法」における指針では、「事業主が他の事業主が雇用する労働者等からのパワーハラスメントや顧客等からの著しい迷惑行為に関して行うことが望ましい取組」の内容が記載された。

政府を動かしたデータとエビデンス

改めてカスハラが世間の注目を集めたのは、２０２０年のコロナ禍だった。なかなか手に入らないマスクを買おうとする客が、ドラッグストアの店員に暴言をはく場面などが頻発し、問題化した。

19年の参院選で当選したイオンリテールワーカーズユニオン出身の田村まみ参院議員が、予算委員会で、安倍晋三首相（当時）に質問。買い物客に冷静な対応を呼びかける啓発用ポスターなどが作成された。

21年には政府が関係省庁を集めた連絡会議を発足し、カスタマーハラスメント対策の推進で予算が成立した。22年には、企業向けのカスハラ対策マニュアルをつくった。

取り組みは政府にとどまらず、自治体レベルでも広がりだしている。秋田県は22年4月にカスハラ禁止を明記した条例を施行。東京や北海道でも条例制定が進み、三重県でも条例化を含め、カスタマーハラスメント防止に向けた対策の検討が進む。岡山市は23年4月から消費者教育推進計画に、カスハラ防止の啓発活動を明記した。高知県や札幌市ではカスハラ防止の啓発ポスターが作成された。

現場の組合員からは「自分たちの問題だと思っていたら、社会の問題なんだって思えるようになった」。そんな言葉が寄せられる。

現場発の提起から、政府自治体を動かすまでの訴求力と推進力を生んだカギはなんだったのか。波岸さんはこう振り返る。

「実際にどれだけのハラスメントがあったか、どんなハラスメントがあったのかといったアンケートによるデータとエビデンスがあったこと。これを訴える組合員から議員まで、同じような経験や思いを有していたこと、そして映像なども含めて、幅広い発信が社会の共感を呼べたことが大きかったのではないか」

カスハラが徐々に広まるにつれ、トラックやタクシーのドライバー、役所の窓口担当者など、対人業務のある連合内の別の産業別組合でもそれぞれ独自の調査をする動きが生まれていった。22年4月には、自治労や運輸労連など15産別がUAゼンセン本部に集まり、意見交換した。

波岸さんは、次の目標を見据えている。

「カスハラという軸にこだわってきたから、問題をクリアにできた。でも、ここからはもう少し幅広くハラスメント対策に位置付ける形で、さらに推進できる方法を考えていきたい」

第2章　フリーランス・雇用されない働き方

――成長産業や人手不足なのに賃金が上がらない

日本にはいま、フリーランスと呼ばれるかたちで働く人が増えている。会社や役所といった組織、特定の個人に雇われずに、一人で事業を営む、雇用と自営の中間のような働き方だ。

政府の2020年の調査では、全国に推計462万人（うち副業が248万人）。仕事領域は幅広く、ライター、運送業、俳優、美容師、エンジニア、ハウスキーパーと多岐にわたる。たとえばアナウンサーなど経験を積んでからその延長でフリーランスになる人も、経験をつまずに働き出す人もいる。

ただ、同じ調査では、暮らしで家族を支えるなどといった主たる生計者が本業でおこなうフリーランスの年収は、200万～300万円が19％と最多で、100万円未満、100万～200万円、300万～400万円がそれぞれ16％だった。決まった時間で働いたり、特定の仕事量をこなすようなノルマがなかったり、自由さがある反面、暮らし向きは決して楽ではない人が多い実態も浮かび上がっている。

アニメーター西位さんの場合

東京都内のビルの一室には、二十数台、隣の席と、板で仕切られた机が並んでいた。それぞれのブースにライトがついていて、集中できる形になっている。『聖闘士星矢《セイントセイヤ》』『ジョジョの奇妙な冒険 Part4 ダイヤモンドは砕けない』など、人気アニメのキャラクターデザインなどをつとめる西位《にしい》輝実《てるみ》さんをはじめ、複数のアニメーターが作業するスタジオだ。

西位さんは、アニメーターの専門学校を出て、20歳でこの世界に入った。いわゆる会社員としての勤務ではなく、業務委託、フリーランスと呼ばれる立場だった。でも、それに気づいたのも20代半ばになってから。税理士に言われて初めて気づいた。日本アニメフィルム文化連盟（NAFCA）が23年末から24年1月にかけておこなった業界の実態調査（有効回答数323件）では、職種別で、監督、演出、シナリオライター、声優などでは、雇用形態について80％以上がフリーランス（スタジオや事務所所属も含む）と回答した。

西位さんは新人として、「スタジオコクピット」（2016年解散）と呼ばれるスタジオで働いていた。ここで、制作会社の仕事を請けてきた。

多くのアニメーターは、制作会社やスタジオで仕事をする際、実技試験と面接を受ける。受かれば、会社には自分の机がつくられ、会社から渡された仕事をやる。だから働き手側が、社員だと思っているケースが多い。だが契約書をかわすこともなく、福利厚生やボーナスがでることもない。会社によっては鉛筆などといった備品、席代も自分で払う必要がある。ただ西位さん自身は、ほかの業界で、正社員になったことがなく、こうした状況がおかしいと知る機会もなかった。

西位さんの場合、初めてもらった給料は、月額で2800円。最初は研修というような位置づけで、新人のうちは、会社から動画管理のバイトをもらって生活していた。

最低賃金を大きく下回る

研修が終わり、アニメーターとして仕事が一定程度認められるようになってからは、出来高制になるが、アニメーションの原画と原画をつないで動きをなめらかに見せる「動画」は1枚あたり130~300円程度。下請けほど安い構図になっている。1時間で1枚描いて、一日10時間働いても月に300枚。昨今では、これに数万円の基本給がつけられることが多いが、最低賃金を大きく下回る計算になる。新人にとっては、まずは年125万円程度を稼げるようになるのが目標だという。

次に、アニメーションの動きの起点と終点の重要なポイントになる「原画」と呼ばれる段階になれば、1カットあたり4千~6千円程度になり、平均年収は334万円にあがる。それに加えて、会社側が自社の作品に専念してほしいアニメーターに払う「拘束費」がでるようになると、暮らしが安定するようになるという。

一般社団法人日本アニメーター・演出協会（JAniCA）のアニメーション制作者実態調査報告書2023（有効回答数429件）によれば、アニメ制作者全体の平均年収は455万円だった。

アニメ制作の職種によっても幅が広く、NAFCAの調査では、声優を除くすべてのアニメ従事者の37・7％がアニメ関係の仕事が月収20万円以下だと回答した。アニメ業界以外の仕事もおこなっているかという質問には77・6％が「現在は従事していない」「従事したことがない」と回答し、業界全体の4人に1人は年収240万円以下で暮らしているという結果になった。

このように待遇面で環境が過酷でも、西位さんは、最初は絵を描いて暮らしていけることが楽しくて、先輩の仕事が身近で見られることも幸せで、気にならなかった。

足元を見つめなおしたのは、23歳のとき。家族に介護が必要となり、仕送りをする必要がでてきたからだった。西位さんはみずから報酬、納期といった労働条件などを発注元に対して交渉していくようになった。そもそも、フリーランスであるからみずから国民年金や国民健康保険をはらわないといけないし、確定申告をする必要もあった。

若手が育たなくなったアニメ業界

そのころから約20年がたち、アニメ業界はいま大きな変化の波にさらされている。日本のアニメ人気は国内にとどまらず、海外資本をはじめとするネット配信で、世界に広がっている。コンテンツがより多く求められて仕事量が増えている一方で、ツールのデジタル化などもすすみ、紙と鉛筆だったころより初期投資がかかるようにもなった。人への投資が進みやすい状況になっているとは言いがたい。

「ほかの業界では当たり前のように人材育成を企業側が投資しておこなっている。同じことをしていかないとまわらなくなる。しかしアニメ業界は制作会社に体力がないことが多いうえに、働き手がフリーランスのため育てても出て行ってしまう。以前のような育成の仕方では偽装請負になるのではという側面もあり、構造的課題もある」

西位さんが、アニメーターの描いた絵を監修する立場の作画監督になって気が付いたことだ。かつては、作画監督がアニメーターの絵を修正し、これをアニメーターが再び清書することで、若手は伸びていった。ただ絵がうまい、ということとは別に、立体感のある絵をどう描き、画面上で、「登場人物に自然な芝居をさせていく」のか。西位さん自身、先輩に何度も直され、それをみずから清書しながら体得していったものだった。

だが、10年ほど前から、清書は効率を求めて別の人が担当するようになった。そうすると、若手は、修正指示が受けられずどういう形が望ましいのかわからないままになる。その結果、若手が育たなくなったのだ。

「作画監督は直さないといけないことが多すぎて、仕事がまわらない状況が続く。若手にとってもうまくならず、低賃金から抜け出せない」

西位さん自身は、いま40代半ば。業界はいまの50~70代が率いてきた。ただ自分たちがその年代になったとき、業界が同じ形でまわるとはとても思えなかった。危機感から、働き手側からの問題を提起することに取り組みだした。

その一つが、NAFCAの活動だ。業界の立場から人材育成をめざし、政策提言などをおこなう。

指摘しているのが、業界構造の課題だ。

日本総研の安井洋輔調査部主任研究員によると、アニメ業界では作品ごとに、製作委員会がつくられている。アニメのヒットする確率は数割といわれている中で、リスクを分散するためにビデオメーカー、グッズメーカー、配給会社、広告代理店、出版社などの流通事業者が資金を出し合って、集団で著作権を保有する枠組みだ。上がった収益は製作委員会の幹事手数料など各種手数料や出資比率に応じて出資者の間で分け合うかたちをとっているという。

問題はこの利益の配分が偏りがちだ、ということだ。同研の調べによると、海外売上の9割以上は製作委員会に大きく出資したテレビ局、出版社、広告代理店、ゲーム会社などの流通事業者にいくが、制作会社の売り上げは全体の6％程度。国内売上でも、8割以上が流通事業者で、制作会社は16％程度だ。

製作委員会には、資金的な制約もある制作会社は、出資できないことが多いという。制作会社は製作委員会から、制作委託を受けるものの、完成後のアニメの著作権は製作委員会に譲渡するのが一般的だ。したがって配給・配信後にアニメがヒットしても、著作権使用料収入の配分はなく、当初取り決めた制作費分しか手にできないという。

そもそも制作会社も、元請けだけではなく、準元向け、二次請けと続く。それぞれの取引も、下請けにいくほど厳しい環境におかれる。さらにそこに連なるのがフリーランスの働き手たちとなるわけだ。

20兆円目標の「新たなクールジャパン戦略」

西位さんが経験してきたように、長時間で働くにもかかわらず、低賃金で十分な保障もなく、食べていけるようになるまでも大変。かつ最近では、今まで以上に教育機能が弱まっており、若手が育ちづらい状況もある。日本総研によれば、少子高齢化もあいまって、2030年にアニメ制作者は2019年よりも1割縮小する見通しだ。

ただ世界でも需要が高まる日本のアニメ人気は、政府からも期待が厚い。観光庁の2023年の調査によると、インバウンドの観光客の7・5%が「映画・アニメの縁の地を訪問した」と答えるなど、観光業へのインパクトもでている。

現状で、一般社団法人日本動画協会によると、日本のアニメ産業の市場規模は2023年で前年比114・3%増で過去最高の約3・4兆円。政府は2024年6月の「新たなクールジャパン戦略」で、コンテンツ産業を基幹産業に位置付けた。特に海外市場での規模は米国、中国に次ぎ、13・1兆円（22年）。その3・5割（約4・7兆円、同）を占めるアニメや家庭用ゲームが増えていて、規模として「鉄鋼産業に匹敵し、半導体産業に迫る規模」と評価した。

今後は2033年までにコンテンツ産業の海外市場規模を20兆円とすることを目標と掲げており、アニメ産業も拡大させたい考えだ。

NAFCAが政策提言することで、以前よりも業界構造や人材育成の問題は可視化されるようになった。ただ、団体の広報を務める声優の福宮あやのさんは言う。

「国の政策を見ていると、次の宮崎駿さんを作ろうとしているように見える。でも実際には現場のアニメーターがたくさん育たないと、今の状況すら維持できない」

従来は成長産業では賃金があがる。人手不足になれば相対的に賃金があがるといわれてきた。

でもアニメーターの世界では、そうなっていないのが実態だ。

もっと個々人の働き手の待遇を高めるにはどうしたらいいのか。日本総研の安井調査部主任研究員は「業界構造の問題もあるが賃金をあげるにはアニメ制作者がアニメ制作会社や製作委員会を構成する企業と交渉できる枠組みが必要で、日本のアニメーターも、労働条件を改善するために職業別ないしは産業別労働組合をつくり、制作会社に対する交渉力を高めるべきだ」と指摘している。

例にあげるのは、米国のアニメーション・ギルドだ。1952年につくられたアニメーターの職業別労働組合で、制作会社で仕事をするアニメーターは、組合のメンバーだったらフリーランスであっても、同ギルドと制作会社の間で結ばれた労働協約・労使間協定が適用される。職種ごとの最低賃金が保障されるほか、労働時間や病欠・連続休暇、年金・健康保険プランなどの条件が認められ、原画、動画、背景美術、制作進行といったあらゆる職種で、日本のアニメーターの賃金を大幅に上回る。

さらにAIなどの台頭もあり、米国の制作者たちが労働組合を通じて声をあげる状況が続く。西位さんは「労働条件について交渉したり、ときに声をあげたりすることは当たり前のことのはずなのに、日本だとどうしてもおおごとにとらえられて、引かれてしまうことがある」とも思う。フリーランスの人たちは、そもそも組織に属さずに働いていることが多いので、まずはつながりやまとまりをつくる、そのうえで利害を一致させて交渉する、というのはほかの業界以上に難しさも伴う。ただ、将来的には労働組合の発足も視野に、新たな取り組みが始められる場づくりも進めたい。今、西位さんは、そんな思いを抱き始めている。

フリーランスの人たちが抱える問題をめぐっては、ウーバーイーツで働く配達員の環境を改善しようとするウーバーイーツユニオンを支援する連合傘下の全国ユニオンもある。

ユニオン出版ネットワーク（出版ネッツ）執行委員会は「フリーランスの春闘宣言」を掲げて、春闘時期に報酬アップを訴える活動を展開している。

フリーランスの人たちがつながる仕組み

連合本部としても、フリーランスの問題にかかわろうと試行錯誤を続けている。雇用されていない働き手でも、実態は雇用されているのに近い状態にある。そんな風に位置づけて、連合は2019年からフリーランスの支援方針を打ち出した。

連合に行政手続きなどのお役立ち情報を提供し、弁護士が30分は無料で相談を受け付けるインターネットサイト「Ｗｏｒ－Ｑ」を立ち上げた。立ち上げ当初からかかわった連合総合組織局総合局長の河野広宣さんは「働き方が多様化している中で、フリーランスの皆さんも労働者と考え、つながりをつくるところから始めていった」と振り返る。

フリーランスの人たちが年会費3000円から加入できる共済もつくった。病気や不慮の事故で、死亡したり重度障がいを負って入院したりした場合に最低限の保障がされる仕組みだ。生活を守るための共済制度は、労働組合にとって助け合いを象徴する基本的な役割の一つだ。

取り組みを広く知ってもらおうと情報を受け取れるメール登録は気軽にできるように、名前や職業などを書かずに済むようにした。全国に広がるフリーランスの人たちに向けて、各地でもサミットを展開した。だが、登録したのは24年8月時点で、約1200人。共済に加入しているのは約70人にとどまる。

さらに連合は2024年8月下旬、「連合フリーランス労災保険センター」を立ち上げた。労災は公的保険制度で、雇用主が保険料を納付し、従業員が業務で病気やケガ、障害があったとき、必要な保険金給付がうけられるものだが、フリーランスの人たちは雇われていないので、原則、労災保険による保障が受けられなかった。

フリーランスで働く人の環境改善をめざし、取引の適正化などを盛り込んだフリーランス新法が24年11月から施行されるのにあわせ、すべての業種で労災保険の特別加入が認められるようになった。今までは建設業の一人親方など一部の業種に限られていたが、すべての業種に拡大したのだ。

フリーランスの働き手が労災保険に加入する際は、業種に応じた特別加入団体という組織に入る必要がある。連合はこの労災保険を取り扱うために特別加入団体となることを厚労省に申請し、24年9月に承認された。連合がつくる新団体の入会金は千円で、1カ月あたり500円の会費と自分で選択した給付基礎日額に対応する保険料がかかる。建設業の一人親方など24年10月以前から労災保険に加入ができる一部のフリーランスは新団体の対象外になる。

連合副事務局長の北野眞一さんは「労災保険センターとWor-Qの相乗効果でフリーランスの人たちのセーフティネットを広げたい」と話す。

このWor-Qの事業にたずさわり、フリーランス支援にみずから乗り出すようになったのが、西野ゆかりさんだ。鉄鋼業などで働く人たちでつくる産業別組合の基幹労連（日本基幹産業労働組合連合会）と連合を経て、2024年春にフリーランスの人たちを支援する新しい団体、一般社団法人日本フリーランスリーグを発足させた。

これまで数々の労働問題にふれてきた西野さんの目から見て、フリーランスの人たちがおかれた今の状況は深刻だった。「今まで知ってきた労働問題のどれよりも厳しかった」

たとえば一般社団法人東京イラストレーターズ・ソサエティに協力をえて、フリーランスとして漫画家、イラストレーターをしている人に、出版社、テレビなどメディアをめぐり、権利と対応について緊急調査をした。

メディアとの契約で、「著作権を譲渡する」は27・4％、「(作者の意に反して著作物を改変されないよう求めることを含む、著作者がもつ著作物に対する人格的利益である）著作者人格権を行使しない」は23・3％だった。自由記述欄がここまであふれているのを見るのも初めてだった。その一つひとつに、苦境やくやしさがにじんでいた。

ただ、労組など伝統的で大きな組織では、何かをする決定までに時間がかかることが多く、フリーランスの人たちとの時間軸とは違いが生まれやすい。少しでも早く、フリーランスで働く人たちの待遇改善に動きたいとの思いがあった。

すでにフリーランスをめぐっては、これまでさまざまな団体も立ち上がり、支援に乗り出しているところもあった。ただ一部の声が大きい人たちの声が届きやすかったり、業種を超えた調査が少なかったりして、全体像が見えづらい点があるようにも感じた。

まずは月ごとの調査、1万人規模の調査、異なる団体をつなげて声をまとめていく……労組で培ったノウハウを生かし、まずはフリーランスで働く人の課題を可視化していくことをめざしている。

参考は韓流ドラマやKポップ

西野さんがあえて労働組合を離れて新たに団体を立ち上げたのは、連合のフリーランス支援を通じて出会ったIT企業のヤフー（現・LINEヤフー）で働いていた人たちがつくったシンクタンク「紀尾井町戦略研究所」の高田正行さんの存在が大きかった。

「働き手の権利を主張するよりも、働き手の待遇をよくすることが、結果的に産業成長に資するという主張の方が聞き入れられやすい」

高田さんはそう説いた。

日本フリーランスリーグは、名誉会長が漫画家のやくみつるさんで、フリーランス当事者、弁護士や、企業経営者、学識経験者、元官僚、連合に加盟する全国ユニオン傘下の東京ユニオン副執行委員長らが名を連ねる。西野さんはじめ、こうした賛同者はみなボランティアだ。活動費のため、少しずつ助成団体や企業にあたっている段階だ。

日本フリーランスリーグが参考にしているのが、韓国の事例だ。

同リーグでアドバイザーを務める労働政策研究・研修機構特任研究員の呉学殊さんによると、韓流ドラマやKポップなどで有名な韓国の文化芸術産業だが、韓国文化体育観光部の調査では、2005年から20年の15年間で、売上高は2・24倍、輸出額は9・17倍、従業者数1・12倍と増えているという。働き手一人あたりの売上高は996万円から1998万円に上がっている。

高田さんは言う。

「待遇がよくなればいい人材が集まり、より良い産業に発展させていける」

こうした流れが生まれた背景には韓国政府の施策の変化がある。文化芸能芸術分野のフリーランス向けに75種類以上の標準契約書を準備し、フリーランス側の権利を保護する明確な規範を提示している。

韓国の政策の変化の底流には、変化を促した労働組合の活動があったとされる。

「労働組合は大事で、労組には労組の役割がある」

西野さん自身のその思いは変わらない。

「最近の海外の労組の盛り上がりをみて、日本でも、労組自体のイメージが変わりつつあるのも感じています。もし相談があれば応じますが、労働組合づくりは労組に任せて、フリーランスリーグとしては、まずはフリーランスファーストの視点に立ち、いまやフリーランスが日本を動かす重要なエンジンであるとの思いで、中立的な立場からフリーランスの人たちを支援していきます」

労組で培った経験や知識を生かしながらフリーランスの働き手の環境を改善していくことを目指している。

第3章「職場をカスタマイズする方法」
――メディアパーソナリティー小島慶子さんの場合

10人に8人は労働組合に入っておらず、身近な存在でもない。そんな日本のいまの風潮のなか、フリーランスのエッセイスト、メディアパーソナリティーとして活躍する小島慶子さんは、労働組合は「手のうちにある権利として使えば、働く環境をカスタマイズできる方法」と話す。

当時、東京放送（現・TBSホールディングス）のアナウンサーとして働いていた小島慶子さんが、労働組合の執行部に入ったきっかけは、入社6年目のとき。先輩からの声かけだった。

「毎週水曜の昼休みに出ないといけない会議があるのだが、ちょっと仕事で出られない。俺のかわりに来週から出てくれない？」

13階のその部屋にいったところ、労働組合の部屋だった。開かれていたのは労働組合のミーティング。先輩から引き継ぎ、執行委員をやることになった。今でいう、ワークライフバランスや福利厚生にかかわる改善を担当していた人が執行委員を外れ、それを担当することにした。

「当時は独身で子どももいませんでしたが、制度を変えるのはおもしろいかもと思いました」

テレビが全盛期のキー局の女性のアナウンサーだ。いわゆる花形の職種で、会社員とはいえ、人気商売とみなされる。「アナウンサーなのに、なんで組合活動?」。社員の仲間に、そう言われたこともある。

「(労組といえば)面倒くさいと思われるかもしれない。でも、私は元々万人受けするアイドル路線ではなく、生意気だと思われていたから今更イメージを気にする必要もないやと思った。それより、自分の働く環境を自分でカスタマイズできるって楽しくない?と。もうこれは性分ですね」

労組とのかかわりの原体験

東京放送の場合は、ユニオンショップと呼ばれる、入社したら誰もが自動的に組合員になる仕組みだった。給与明細を見ると毎月一定の額が引かれている。最初は、なんだろうな、としか思っていなかった。後に組合費だとわかった。

ただ振り返ってみれば、労組とのかかわりの原体験は、入社1年後の1996年にあった。TBSビデオ問題が発生した年だ。TBSに対して、オウム真理教が89年、坂本堤弁護士のインタビュー素材を放映前に見せるように要求し、局内でそれを見せ、その後に坂本弁護士一家の殺害事件が発生したという問題だ。それが明らかになって、TBSが認めたのは96年になってからだった。国会でも問われるほどの大きな社会問題となり、当時、小島さんがタクシーに乗って、会社へと行き先を伝えるだけで、運転手に怒声を浴びせられたほどだった。

そのとき労組から、経営陣に社員の意見を伝えようとアンケートがまわってきた。小島さんも、再発防止策、責任のあり方など、書き連ねた。

「やっぱりそのときに会社の社会的使命や、自分との関係を考えた」

アナウンサーの世界に入ったのは、1995年4月。1月に阪神淡路大震災があり、3月には地下鉄サリン事件が起きた直後だった。日本は平和で安全だ、と言われてきたことが幻想だったことに気づいた。

今のようにSNSで誰もが発信できる時代ではない。多くの人に情報を届けられるテレビの世界に身を置く。もともと志望した職種も、報道記者とアナウンサー。世の中の問題について考えたいという思いが強かった。情報を扱う社会インフラで働くんだ。そういう意識があっただけに、会社へのアンケートに思いをしっかり書いた。

社長や役員と交渉できる組織

当時、入社直後の女性アナウンサーだった小島さんが求められていたのは、いわゆる〝若手女子アナ〟の役割。深夜番組で催眠術にかかったふりをして性的な質問に答え……という仕事もあった。学生時代から抱いていた社会への問題意識は、十分にいかせず、世間で求められる女性アナウンサーへのイメージとのギャップに葛藤していた時期でもあった。

一方で、労組の執行委員として制度作りに取り組めば、誰かの暮らしを楽にできる確かな実感がもてた。

「当時はテレビ番組を1千万人が見ていた時代。社員の中で組合活動に関心がある人はほとんどおらず、制度を変えても、組合のおかげだと思う人なんてめったにいない。でも確実に誰かの助けにはなるでしょう。カメラ越しに1千万人に『おはようございます』というよりも、はるかに世の中に関わっている気がした。かなりやりがいを感じていました」

社員という立場だけだったら、「雇ってもらっているのだから、会社の言うことを聞かないといけない」と思っていたかもしれない。でも、労組の執行委員という立場は小島さんにとって大きな意味があった。「労組は、株式会社東京放送とは別の法人格をもつ組織。その執行委員として、社長や役員と交渉できる。対等に話ができるって、なんてステキなんだろうと思っていました」

数少ない女性社員にアンケートをとった。悩みの多くが、出産後に元いた職場に戻れないなどのいわゆる「マミートラック」や育児との両立の問題だった。育児と両立をしやすいように、制度を変えられないか。会社に掛け合っても、はじめは「(困っている)当事者が少なすぎる」

といわれた。

それならば仕事と家庭の両立で、男性でも悩んでいる人はいないだろうか。ランチ会を開いてみると、意外と多く集まった。

夫が報道記者で、妻が外資系企業勤務の夫婦で子育てしているケースでは、妻が海外出張中に夫が夜間の仕事の呼び出しがかかると、近隣の住人に娘を預けているということだった。「子どもを預かってくれるご近所さんが引っ越しをしてしまったらどうなるのか。職場でそんなことを話したら、報道の現場から外されてしまうのでは」と不安を抱えていた。ほかにも、親の介護がある男性が、仕事との両立に悩んでいた。

女性だけではなく、男性にも困っている人がいる。そう提示したら会社が前向きになった。

「幹部には、女性の声の周波数が聞き取れず、男性の声だけが届くのか？と腹立たしかったですが、動かせるものは動かそうと思って会社と交渉しました」

そうやって交渉の末、１日単位でしか取得できなかった看護休暇を半日単位に変更したり、心身の不調後に復帰した人たちの対応策を検討したりしていった。

「個人的なことは政治的なこと。半径２メートルから社会を変えることもできる」。そう思っている。だから誰かに困りごとがあれば、一人の問題とせず、どう解決できるかを考えた。

小島さんにとっては、自分の子どもも、労働組合の活動も、仕事で接するラジオのリスナーやテレビの視聴者も、自身の周りに同心円状に広がる〝他者〟。距離の違いはあっても、人と向き合うことには変わりはない。「縁あってかかわった人々のうち、一人でもささやかなことでも、もしも何か力になれたらと祈りながら接する。その意味ではすべて一貫している」

怒りのスタイルから親しみやすさへ

小島さんは、もともと強い使命感があったわけではないが、気が付けばやりがいを感じるようになった。ただ、気になっていたこともあった。

「組合には経営陣と『闘う』のが好きな人もいた。私は男性が机をバーンとたたいたり、怒鳴ったりするのを見るのは苦手で。時折、様式化しているのではないかと感じることもありました」

トイレの横の掲示板には、いつも労組の貼り紙があり、古めかしい字体で、ゲキを飛ばすような文体のメッセージが綴られていた。

あるとき、労組内の会議で、こう伝えてみた。

「(貼り紙の)あの見た目で『怖い、風変わりだ』って思っている人たちもいる。配られても読まない。昔ながらのスタイルをやめて、イメージを変えましょう」

まずは、一般的なお知らせのように、読みやすいフォントに変えること。赤・青・黒に「!」

を多用する従来の怒りのスタイルから、イラストも入るなど親しみやすいビジュアルにするよう提案した。

「ちょっとの工夫で、印象が変わる。労組の紙と気づかずにうっかり読んじゃう人を増やしましょう」

そう呼びかけた。日本の放送局では1960〜70年代に激しい労使対立の歴史がある。それを継承する伝統的なスタイルの変更に、意外にも強い難色を示す人はいなかった。

小島さんは、労組の機能が重要だからこそ、今も思う。

「労働組合にマイナスイメージを持つ人も少なくないのは、知識不足に加えてコミュニケーションがうまくいっていないからでは。昭和感のある労組のスタイルは、敬遠されがち。裾野を広げるために、フォントを変えるところからでも始められる」

その後、会社を辞めてフリーランスになり、当初はTBSの関連会社の所属タレントとして専属契約を結んだ。その後、大手芸能事務所を経て、現在は個人事務所で活動している。日本でフリーランスとして働く人々には、職能団体などの声をあげる仕組みが十分にあるわけではない。搾取される人を減らすためにも、労働条件を交渉できる場が必要だと痛感している。「御用組合」と揶揄される日本の労組だが、会社員だった頃、組織を超えた横のつながりの意味を感じた。

「社風によっては、組合活動をやっている人は、変わり者扱いされることもあるかもしれない。わたしたちの労組は日本民間放送労働組合連合会（民放労連）に加盟していたが、労組間の横断的なつながりがあると、課題を共有する仲間に出会えるし、学びも多い」

社員と違い、フリーランスは職を失うリスクが高く、立場も弱い。働く人の横のつながりがあれば、自身を守る術も増える。

小泉内閣の「規制緩和」以後

組合活動をするなかで、時代の大きな変化を経験した。小島さんが労組に入ったのは2000年代初頭で、2010年に退社するまで9年ほど続けた。

その2000年代は、小泉純一郎内閣で構造改革の一環で、規制緩和が大きく進められた時期だ。1990年代にバブルがはじけ、絶対安定しているとみられていたような山一證券といった金融機関が次々と倒産。そのなかで構造改革が重視されていたからだ。

当時、働き手の終身雇用が重荷になっていた企業が多かった中で、賃金や待遇にかかる費用を抑えられる非正規雇用が増えていった。労働者派遣法をめぐって、認められる派遣業種がゆるめられ、2004年にはずっと禁止されていた製造業でも解禁された。非正規雇用は当時、大手企業に頼らない「新しい働き方」とすら喧伝された。

同時にITが興隆し、メディア業界の先行きに陰りが見え始めた時期でもあった。東京放送も経営のため、放送事業だけではなく、不動産にも注力して黒字化を目指した。経営の効率化を掲げて、事業ごとに子会社に分割した。

労働組合の委員長を務めた経験のある小野寺瑞樹さんは技術職（照明担当）出身。分社化などの数々の問題に対し、「公共の電波を預かる報道機関のTBSの組合の委員長」という思いをもって、「TBSの社会的使命」を掲げ経営と対峙したという。「会社からは面倒くさい奴と思われたと思う。しかし、会社にとって労組は鏡のようなもの。組合がその企業の社会的使命をぶれることなく言い続けることで、経営は利益の追求と社会的使命の全うとのバランスをとることが出来る。髪の毛がはねていないか、顔色が悪くないか、組合という鏡を見て、必要な修正をしてほしい。それが結果的に人を守り、会社を守ることになると思って取り組んだ」と話した。

そう言い続けたのは、委員長になった年にビデオ問題が起きたからだ。「あそこで労働組合の役割は何かを考えた。そこで得た答えは『組合の存在意義はその企業の社会的使命を言い続けること』だった」と振り返る。

しかし、理念を掲げるだけでは、組合として一つにまとまることの難しさを感じた場面もあった。そして大きな流れを止めることは、できなかった。

もともと放送の現場には、制作会社などさまざまな働き手たちがいる。2000年代以降は、同じグループの中でも分社化によって賃金体系が別に新たにつくられ、分社化のもとで新規採用された社員たちは賃金水準がより抑えられることになった。分社前に採用された小島さんには昔からの賃金体系が維持され、労組が既得権益を守る組織と見なされる状況を経験する。

同一労働同一賃金を、と分社採用の社員たちの待遇改善を求めても、会社は受け入れない。やがて分社採用の社員たちからも、同じ仕事をしているのだから低い方に合わせろといった声も上がり始めたという。

「分社化によって働き手が分断され、労組が機能しなくなる危機感を覚える状況だった。番組は人がつくっているものなのに、会社は人に投資をしなくなった。労組が既得権益を守ろうとしているとみなされてしまった」

誰もが働きやすい環境を

立場の違いを超えて、という小島さんの思いは、外部の人の事情を知ってより強くなった。放送局では24時間、外部の会社に所属するヘアメイクスタッフが働いている。そのほとんどが女性だ。

局アナは番組ごとに局付きのヘアメイクさんに髪をセットしてもらう。顔なじみのヘアメイクさんが、妊娠すると、みんな仕事を辞めてしまう。所属会社の産休や育休制度の不備、それに仕事中に子どもを預ける場所がないからだった。だから労組で声をあげた。

「放送局で働く誰もが、深夜休日でも子どもを預けられる託児所を」

近隣の企業や地域にも開かれた託児施設を会社の土地に作れないか。だが当時は実現できなかった。

小島さんがTBSを辞めた後も委員長を続け、2020年から民放労連の委員長にもなった高木盛正さん（現・赤坂熱供給社長）によると、その後は経営状況の変化とともに、労組と会社の交渉環境も変わっていった。TBSホールディングスとTBSテレビは2016年、新たな賃金体系をつくって一本化。同業他社の賃金水準をみながらテレビを引き上げ、その後は退職金も同じ水準にした。

またTBSは博報堂などと2018年、地域の子どもたちも受け入れる「はなさかす保育園」を開園した。

高木さんは内々の交渉でも理路整然と意見を伝えていた小島さんの姿を思い出す。

「小島さんがあのとき正しいことを言い続けてくれたから、その後、時代とマッチして実を結んだ面があるのだと思う。ほかにも、育児やワークライフバランスにかかわる施策の待遇改善は、小島さんの功績が大きかった。労組は厳しい時期でも、正しいことを言い続けて、たたかう姿勢を示すことが重要なんです」

賃上げが長く進まなかった2000年代

1990年代に日本のバブルがはじけ、景気が悪化するなかで、メディア業界だけではなく、製造業や小売業界といった日本全体で、労組が歯止めにならないままに、格差が広がった。

企業は次々とリストラ策を打ち出したが、労組は当時、いまある雇用を守ることを重視したとされ、企業は代わる働き手として非正規の雇用を拡大していった。

かつては、非正規は、専業主婦世帯が多かった時代に、パートとして家計を補助的に支えることを前提として賃金や社会保障がつくられた。だが、政府も政策で後押しし、非正規で働く人が拡大。家計を補助的に支える人ばかりではなく、いまや働き手の4割をしめる。OECDの調べによると一人当たりの国民総所得は、1990年の3位、2000年の11位から2022年の24位と、世界で相対的な地位を落としてきている。

2000年代は、経営悪化に遠慮した労組が賃上げ要求も凍結するなど、日本全体に波及してきた賃上げが長く進まなかったともいわれる。立教大学の首藤若菜教授（労働経済学）はテレビ番組で、こうした時代について、「労使の共犯関係」と表現したこともあった。

ただ、労組が雇用や待遇を守ることや、組織率の低さが批判されるのは、日本だけではない。

米国でもそうだった。特にリーマン・ショック直後、世論調査での労組への支持率は5割を切ったが、2020年代に入ってからは7割を超えている。わずか10年ほどで支持がここまで大きく伸びたのは、労組が十分に取り組めていなかった格差の問題に取り組む姿勢を打ち出したこと。そして、社会運動の担い手とつながり、社会全体に役に立つものだと改めて意識されたことが大きいだろう。

米国の労働組合に詳しいニューヨーク市立大のステファニー・ルース教授は「リーマン・ショック後の不況で、経営者側は労組に責を負わせるナラティブ（言説）をながし、やりこめることに成功した。それに対抗するため、労組側が世論を味方にしたいと考えるようになった」と解説する。第18章に後述するシカゴ教職員組合が先駆けとなった「バーゲニング・フォー・ザ・コモングッド」と呼ばれる運動がその代表的な例だ。

シカゴ教組サステイナブル・コミュニティー・スクールのタスクフォースのモニーク・レドー・スミスさんは「公共的に良いことを追求することが、労働運動を前に進める。労組が生き残る唯一の方法だ」と、社会課題の解決にあたり、地域の社会運動とつながる重要性を語った。

米国の場合は、労働組合が団体交渉権を獲得するハードルが日本よりはるかに厳しく、組織率も10％程度、民間にかぎっては6％程度にとどまる。自分たちの存在は、簡単につぶされてしまうかもしれない。そこまでの危機感があり、共有されたからこそ、労組側の奮起が生まれたのだという。

　そして、こうした変化を感じた世論が支持し、政府側が政策的に支援する好循環が生まれだしていた。

働き手が声を上げるときに有効

　日本では、今も労組に対する批判が強調されがちだ。

　労組が、非正規雇用やフリーランスをはじめとする働き手たちの格差是正への取り組みに力強さを欠いてきたことも、社会とのつながり方に今なお奮起が必要なことも一因だろう。

　労働組合に加入する組合員数も、1994年の1269万人をピークに減り始め、2023年には993万人にまで落ち込んでいる。働く人が労働組合に入っている割合を示す組織率も、16%台と過去最低だ。少子高齢化が進むなかで、企業が女性や高齢者らを新たに非正規などで雇用することが多く、働く人の母数が増えているにもかかわらず、労組に入る流れを十分つくり出せなかったという側面も大きい。

　日本は、米国のように労働組合が団体交渉権を獲得するための法的要件が高いわけではない。実際にはほかの労組や専門家から支援があったほうがスムーズだろうが、本来は要件だけでいえば、事前に会社に言う必要もなく、2人で大会を開いて議事録があれば、法的には労働組合をつくることができる。

ただ連合の中で最も大きい産業別組合のUAゼンセンは、非正規の働き手への労働組合への加入に力をいれ、2023年の組合員数は前年比約3万人増の約189万4千人。多くが、スーパーマーケットやドラッグストアなど流通業界で働いており、組合員の6割がパート社員らだ。

首藤教授はこうも指摘する。

「労働組合を批判することは簡単だが、組合に代わるものが他にあるだろうか。現状で、労働側が何か声を上げようと思えば、組合を結成するのが最も有効だ。組織率が低下した今でも、労働組合の社会的な役割は変わらず大きい」

労働組合は批判を受け止めたうえで活動を広げ、根強くあるイメージに抗う運動やナラティブを打ち出していけるのかが問われている。

第4章　中小の春闘
――変化のうねりは鳥取から

みんなで一斉に賃上げの交渉をすることで、経営者に対する交渉力を高める春闘。2024年7月に最終集計がでた春闘の賃上げ率は5％台で、1991年以来の数字となった。華々しく成果を強調するかのような政府関係者に比べて、実際に実務にあたっている労働組合の関係者の表情は硬い。広がる格差、実質賃金には追いつかない賃上げなど、さまざまな課題が見え始めているからだ。

たとえば日本の働き手の7割が働く、国内の企業の9割をしめる中小企業。その多くは、大手企業との取引で交渉力に欠け、賃金にも差があり、かつその差は広がっている。

ただ変化の兆しもある。全国でも、賃金水準の低い鳥取県の中小企業の労働組合発で、新たな春闘のうねりが生まれている。

2024年9月、春闘スタートの事情

米子空港を降りて、日本海をのぞむ山陰自動車道で約1時間の鳥取県倉吉市に、ガスボンベなどをつくる神鋼機器工業の工場がある。神戸製鋼グループの傘下にある会社だ。

まだ暑さが残る2024年9月の土曜日の夕方、工場敷地内の一角にある二階建ての組合事務所の二階には、地域のものづくりの中小企業で春闘の実務を担う7人が集まっていた。

「2025年の春闘の第一回実務担当者会議を開きます」

中心に座るものづくり産業の労働組合が集まるJAM山陰の前田陽生書記長（49）が、そう話した。通常、冬に始まる春闘のスタートとしては、まだすべての参加者が半袖を着ている時期に始めるのは、異例の早さだ。

春闘は、4月に新年度を迎える前、契約を更新するタイミングとなる1〜3月、労働条件について集中的に話し合うため、そう呼ばれるようになった。ただ、すべての中小企業の結果がでるのは春に大手企業の結果が出てからで、夏までかかるところもある。

連合本部はこうした結果やその後の情勢を見極めて、毎年10月にその次の年の春闘の引き上げ率の目標の方向性をだし、12月初めごろまでに方針を決める。傘下の各産業別組合も12〜1月にかけて、それぞれの産業の状況をふまえて目標を取り決める。さらに傘下の企業別の労働

組合は、そのうえでそれぞれの方針をたてていく。

ただＪＡＭの鳥取地域協議会（地協）では２０２５年春闘に向けて、本部などの決定を前に、現場で方針を決めて、本部に伝えていこうとしていたのだ。前田さんは取材にその趣旨をこう説明してくれた。

「鳥取は全国でも賃金が低くなってしまっている。その自覚がある。給与をあげていかないと人が残らない。本部方針を待っていたのでは間に合わない」

前田さんは北海道出身で、大阪の大学卒業後、大阪市職員になった。転職サイトでＪＡＭを見つけ、中途採用で初めて雇用された、いわゆるプロパー職員だ。これまで神戸などでも勤務してきた。

「山陰地域は3世代で暮らす共働き家庭が多く、家族全体を合わせていけばこの賃金水準でも暮らせてきた。ただ最近は1世帯のマンション暮らしの人も出てきていて、いまの賃金水準では成り立たないでしょう」

人材確保は地域を守るための春闘で

大企業と中小企業のあいだで開く賃金の格差は、昔から課題となっていた。とくに製造業の中小企業の場合は、大企業の下請けであることが多いので、大企業から適正価格で買ってもらいづらく、そのしわよせが人件費を抑えることにつながっていることが多いという構造の問題がある。

　中小企業にとっては製造原価において人件費の割合が大きいため賃上げが進みづらいといわれる。また昨今の経済で、円安物価高の流れは、輸出企業にとっては追い風になるが、実は中小企業にとっては金属などの輸入価格は高くなるので、逆張りにはたらいている側面もある。

　このためベースアップと呼ばれる基本給の引き上げには、特に及び腰になる傾向があるという。

　鳥取で、こうした春闘の実務担当者が集まる場ができたのは、春闘で賃上げの機運が高まった2023年1月のことだ。神鋼機器工業労組の御船《みふね》博書記長（46）は、これまでも春闘にたずさわっていたが、実はそこまで本格的な交渉の経験がなかった。でもいざ本格的にあげようとすれば、経営陣とどう交渉すれば、賃上げにつなげていけるのか、悩んでいた。JAM東京本部からは大枠や目標が提示されるが、具体的なノウハウなどをもっと理解したかった。副委員長の松田武志さん（49）はこうアドバイスした。

「だったら地域のほかの企業の組合に聞いてみたら」

　それまでJAM山陰では島根と鳥取の労働組合が一緒に顔をあわせる会議があった。でも鳥取だけで集まることはなかった。

集まってみれば、ほとんどが同じことに悩んでいた。他地域に比べて低い賃金、そしてそれに連なる若手の離職……。

鳥取には、いわゆる大手企業はなく、多くが中小企業だ。鳥取のＪＡＭ傘下の企業の従業員数もだいたい30～２４０人規模。しかも取引先の大きな製造業は、だいたい太平洋側にある。運送コストがさらにかかるようになり、集約化が進めば、鳥取の企業が受けられる仕事はますます減るのではないか。

鳥取の働き手に、技術力がないわけではない。溶接工の御船さんは、溶接技術を競う全国大会で入賞したこともあるという。

「まずは人がやめないように、鳥取全体で賃金水準を上げていく必要がある。そのことが自分たちだけではなく、地域を守ることになる。鳥取として、いい仕事をとりにいかないと」

そんなコンセンサスが生まれた。春闘は、１月に連合と経団連のトップが顔を合わせておこなう「キックオフ」と呼ばれる会談から始まる。そこからすぐに労使交渉が本格化するため、鳥取の実務者だけで集まる時間はもうなかった。ただ、翌年はもっと早く集まろう、そう約束した。

賃金水準の全国との格差は約5万円

2024年の春闘にむけて、鳥取の実務者情報交換会は23年11月から5月まで8回、毎月のように集まって情報交換した。

意識したのは、全国との差だった。全国と山陰地域では、賃金水準の格差が約5万円あった。実は2022年、23年春闘では全国平均と同額になったので、以前に比べれば同じ水準というだけでも価値はあり、ベアも5千円程度上がった。ただ同じでは、これまであった全国とも、大手と中小の格差も埋めるには至らない。だからJAM山陰だけ、全国で統一的な目標をつくっている本部の目標に、プラス1500円で統一要求する目標を提示した。

そして大きな特徴は、人材確保を賃上げの最も大きな理由に打ち出した点だ。従来は、配分収益で、内部留保にまわっていた剰余利益を配分するように求めたが、中小企業の場合は、そうなるといつまでも上がらないからだ。その理由は後述する。

経営に対して、賃上げを要求するとき、重要なのはデータだ。

JAMでは、賃金プロット図と呼ばれるグラフに、自社の賃金実態を反映させる。横軸は年齢で、縦軸は賃金だ。こうしたグラフに組合員一人ひとり許可をもらって、賃金情報を落とし込むと、だいたいの社内の水準と、どんな格差があるかが歴然とわかるようになる。一人だけ落ち込んでいる人がいる。それは中途採用だからなのか、男女の別なのか。そうした賃金体系上の課題を浮き彫りにして、要求のポイントを絞っていくのだ。

また会社ごとに作ったグラフやデータを産業別組合で集約し、地域や業種別の軸で、自分の会社がどの水準に達しているかを把握することができるようになる。高校を卒業し新卒で働き出した標準的な労働者を年齢別におき、賃金水準をみていけば、地域相場などもみえてくるようになる。

JAM山陰では24年春闘時、総組合員数の8割である3771人分の賃金データが集まった。鳥取地協では30歳水準は20万円付近だったが、出雲地協では鋳造業を中心にもう少しあがっていた。

経営陣に交渉をするときに、こうしたデータを武器にして、交渉をすすめていくのだ。

JAM山陰では2月20日の統一要求日まで、約8割にあたる33の企業別労働組合が要求を出した。年齢や勤続年数で基本給があがる定期昇給をのぞいた形で、基本給の水準の引き上げを意味するベースアップ（ベア）額で1万3500円を要求したのは23単組となった。改善要求額の平均は前年の9千円台を大幅に上回る1万5973円となった。

3月末までどの社の労働組合も妥結せず、他社と歩調をあわせながらぎりぎりまで粘って回答を引き出した。ベア額で5千円～1万円の回答を受けた単組が58・8％で20単組となり、過半を超えた。

この日の会議では「これをどう継続していくかが課題だ」などの声があがった。毎年、あげていくことは経営者も及び腰になることが多いからだ。

地方に残った不満

もう一つ、地方から見れば、本部と現場に温度差があるように感じていた。

大手企業が多いといわれる連合の産業別組合だが、39万人の組合員がいるJAMは加盟する8割が中小企業だ。多くは電機や自動車、鉄鋼、住宅関連機器といった製造業メーカーの傘下の企業で、約6割が100人以下の組合で、25%が30人以下と規模が小さい組合が多いのも特徴だ。

たとえば2024春闘では、JAM本部の情報発信が、地方の中小企業にとっては早すぎると感じた場面があった。例年、大企業が3月半ばまでに先に交渉を妥結し、中小企業が続いていき、遅いところでは7月までかかる。

本部から見れば、各地方や規模感は違う。でも最も格差の壁が大きいと感じ、挑んでいたJAM鳥取の組合の幹部の間には、不満が残った。

「本部は、地方の必死さをわかっているのだろうか」

実務者情報交換会では、東京のＪＡＭ本部の安河内賢弘《やすこうちかたひろ》会長（52）を呼び出して直接、意見を伝えよう、という声が持ち上がった。５月の会議には安河内会長に鳥取に来てもらい、会議の場でも、その後の食事会の場でも、一人ひとりが現場の状況を訴えながら意見交換をした。

２０２５年春闘は、本部の方針を待つのではなく、本部にものを申していこう。そんな思いを込めて、９月末から春闘の議論を始めたのだった。

ＪＡＭ鳥取の実務者情報交換会の春闘は、労働組合が徒党を組み、産業別組合が業界の賃金水準をつくりだす春闘の原点に立ち戻ったかたちだ。

春闘は、のちに総評（日本労働組合総評議会）の議長となった太田薫・合化労連（合成化学産業労働組合連合会）委員長が、交渉力を増すために、各企業別の労組だけではなく、一緒に統一ストをしようと訴えて１９５５年に始まった。立場の弱い働き手の心情を念頭に、「暗い夜道を一人で歩くのは不安だ。だからみんなでお手々つないで進めば安心だ」と呼び掛けたといわれる。一定の業界内の企業が同時期に賃上げしていけば、周りも人材確保のために上げていかざるをえない。そうした波及効果も期待された。国際的にも珍しい慣行だが、昨今の全米自動車労働組合（ＵＡＷ）が3社同時に交渉したことにも重なる。

ベア5千円～1万円引き上げの背景

ＪＡＭ山陰の賃上げの具体的な手法は、前田さんが以前働いたＪＡＭ大阪が中心になって取り組んできた「個別賃金要求」の交渉のノウハウを生かした。

賃上げは、賃上げの率ではなく、実際の水準でみていかないと、中小はいつまでも大手に賃金水準が追いつかない――という問題意識から生まれたやり方だ。上げ幅を基準におくと、各企業の賃金格差を平準化することができない。でもこの個別賃金の要求方式では、その水準を絶対額で決めて、それに準じて、各企業別組合がそれにあわせるように要求をするので、企業の枠を超えて、賃金の社会的な相場づくりをめざせる。

まずＪＡＭの場合は、製造業の中小企業が多く、中途入社も多いため、同年代で熟練度の高い、高校卒業後に新卒で働きだした人の賃金水準と合わせた引き上げ方を検討する。そのため、組み立てや部品加工、営業、開発など職種を問わず、一定のまとまった範囲の仕事について責任をもって行っている労働者を「一人前労働者」と位置づけ、賃金プロット図で、その一人前労働者の18歳から60歳代までの賃金の傾斜を描き、その曲線をモデルカーブとして割り出す。その一人前労働者への到達は企業ごとに違うが、高卒勤続12年の30歳、17年の35歳に着目し、その水準に基づいて賃金要求を組み立てる。

モデルカーブができれば、このカーブから不合理に外れている人がいた場合に何が要因になっているかを考え、対策をうつ。さらに、このモデルカーブ自体を引きあげるように要求を組み立てていくのだ。

JAM大阪オルガナイザー育成アドバイザーの狩谷道生さんは「同一労働同一賃金と日本でいうと、正規と非正規にあてはめて考えられるが、それにとどまらない。個別賃金は『同一労働同一賃金』原則の日本における具体化の端緒だ。賃金水準を原材料と同じ企業間競争の埒外におき、『経済的与件』とする」としている。地域や職種別の賃金相場の社会的な水準をつくる取り組みは、欧州の産業別組合のように、企業ごとではなく、産業別の賃金水準がつくる取り組みと同じといえる。

製造業の中小企業も多い大阪ではいまでは、要求する4割以上がこの方式をとっている。発足当初の2000年は8・3％にあたる33組合がこの方式だったが、広がっていった。もちろん資格があるか、熟練度合がどうか、といった点はあり、それぞれのモデルや賃金制度の検討をすすめることも必要となる。ただ一度、最低限といった標準を決めることで、全体の底上げにつなげていっている。

大企業と中小で開いた格差

ＪＡＭは12月1日、滋賀県で、春闘中央討論集会を開いた。ホテルに、全国のＪＡＭのメンバー約３５０人が集まって、ＪＡＭとしての春闘方針について2日かけて議論する場だ。

安河内会長は冒頭のあいさつで、「この2年、大幅な賃上げを実現してきた。ステージを変える成果だった。だが、2年前、ＪＡＭで1千人以上の単組と３００人未満の単組で、平均賃金の差は4万6千円でその差を埋めていこうとしていたが、いまは5万6千円になった。わずか2年で、1万円以上の格差がついてしまった。放置することはできない。あらゆる格差に果敢に取り組み、ぶれずに取り組んでいく」と強調した。

鳥取は、実務者会議などの取り組みがあったからこそ、小規模の企業が多いにもかかわらず、人材確保を理由に、基本給の底上げを意味するベアで5千〜1万円を引き上げられた。

ただそれは２０２４年点で大手と中小の格差が開いた全国の中小企業の大きな流れとは異なる。ＪＡＭ本部によると、２０２４春闘では傘下にある１４５６企業別組合のうち、ほぼ9割が労使交渉にあたった。平均的に1万５２９４円を要求し、当初の回答額の平均は1万１５４０円。1万１５７６円（平均）で妥結した。この数字だけを見ると、回答額の平均は前年より２６８０円高く、これまでよりも高い水準にある。

ただくわしくみると、額に差があり、格差が生まれていることが浮き彫りになる。ベア額の分布では、最も多いのが5千円~7千円未満で、177組合。次に多いのが7千円~9千円未満で、151組合。そして、9千円~1万1千円未満で、151組合だった。

さらに、企業の規模によって、ベア額が異なっており、小さいところほど、その額が小さいのだ。千人以上の企業では賃上げのベアの額は1万1千円~1万3千円が多い20組合、中堅といわれる300人~千人未満の企業では9千円~1万1千円未満が最も多い36組合だった。だが、300人未満では最多が5千円~7千円未満で、157組合だった。これではいつまでも格差が縮まらない。

連合方針、中小は6%以上

危機感は連合本部にも共有されている。2025春闘の闘争方針では、ベアに加えて定期昇給も含めて賃上げ率を5%以上と昨年の目標を維持し、中小企業には格差是正を目指して、これに1%以上を加えることをうたい、6%以上と踏み込んだ。

新たに、取り組みの体制でヤマ場への対応として、「「労使の話し合いを積み重ねた上で回答を引き出すこととし、回答が受け入れがたい場合の対応などを含め必要な戦術設定の準備を進める」という一文が加わった。

この必要な戦術設定ということは、「ストライキも辞さないという覚悟として理解していいか」という報道記者からの質問に対して、芳野友子会長は「これから交渉が始まってくるので、個別の労使交渉に今後の動きはゆだねたい。2024春闘よりも、2025春闘は結果を求めていきたいので、（表現を）強めている。考えられる行動は積極的におこなっていただきたい」と示唆した。

連合幹部は「中小にとっては簡単な目標じゃない。去年と違う交渉の仕方、戦い方、心構えがないと出せない。産業別組合の方針を踏まえて、労使がしっかりと話し合い、回答が受け入れ難い場合、例えばスト権確立のための一票投票の実施など、必要な戦術設定ができるように準備と心構えが必要であると思った」と説明した。

連合方針を見据えた提案

JAMの春闘中央討論集会では連合方針を見据えた、JAMとしての春闘方針大綱案が提案された。連合方針では定昇を含めた賃上げ率で示されるが、JAMの場合はベアのみを額で示す。2025春闘の目標は昨年の「1万2千円基準」に3千円を積み増して、過去最高の「1万5千円以上」とする案が示された。

JAM山陰書記長の前田さんはその前段階の会議の場で、「以上」をつけることを提案していた。だからここで「以上」と入ったことに、地方の声が受け止められた、と感じた。
討論集会2日目には、分散会と呼ばれる討議の場が開かれた。4つのグループにわかれて各地域のメンバーと、この方針を決めた労政委員会のメンバーらが2時間かけて意見交換をする場だ。

各地域の労働組合の幹部ら約120人が参加した第一分散会では、「JAMとして1万5千円以上とするのではなく、最初から中小と大手の差をつけた目標設定した方が取り組みやすいのではないか」「中小労組に(経営陣とロジックでわたりあうために)武器を持たせる必要がある。具体的な数字で示せるものを教えてください」と切実な声があがり、2時間、質問がやむことはなかった。

これまでJAMが、大企業と中小企業の格差是正で人件費の抑制につながらないよう労務費の価格転嫁を主張してきた。

大企業などが中小企業に仕事を発注する際に、原材料やエネルギーコストの上昇分は反映されるが、人件費の上昇分は受け入れられないことが多い。発注者と受注者の構造的な関係性があるなかでは、発注者には、「受注者が生産性や効率性の向上でコストを吸収するべきだ」という意識も生まれやすいといわれる。また一方で、受注者の方は取引を失いかねないという立場の弱さから、人件費を含めることを求めづらい側面があった。

このため労働組合として、中小企業で賃金があがらないのは、働き手の生産性が低いからではなく、価格転嫁力が下がっているからだと訴えた。発注や契約段階において、人件費の上昇分も製造原価に計上し、中小企業が働き手の賃上げをすすめるための原資を確保することで、賃上げしやすい環境を整えようとすることが目指されるようになっている。

こうした労務費の価格転嫁を求めていくことは前提に、交渉力の強化をしていくために必要な議論が続いた。

神鋼機器工業労組の松田副委員長も手をあげて、マイクの前に立ってこう尋ねた。

「JAMとして男女間、規模間など容認できない格差は取り組んでいくと思うが、地域間格差についてどう考えるのか。お考えをお聞きしたい」

本部からの回答は「JAM本部としては、いろんな格差があり、地域も、業種も格差はなくすべきと思っている。地域の課題があることは理解している。ぜひ取り組んでいただければ」という回答で、全体で取り組んでいくべき論点には広げられなかった。

会議後、前向きな答弁と感じられなかった松田さんは「地方では差があっても仕方ないと思っているのかな……」とつぶやいた。

JAM山陰としては、12月中旬に、地域としての春闘方針案を議論することになる。JAM全体の1万5千円以上に加えて、地域間の格差是正のために3千円を積み増して、1万8千円以上の目標を掲げる方針だ。3千円の算出にあたっては、働き手が健康的、文化的に暮らすために最低限必要な賃金水準を連合が試算した生計費を考慮した。

JAM本部は春闘方針を2025年1月下旬に正式に決定する。

JAM山陰のメンバーにとっては、連合やJAM本部の方針を受けてから、自分たちの方針をたてるのではなく、地域の課題を先に考え、自分たちなりの賃上げは2万円程度という目標設定をしながらのぞみ、上部団体であるJAM本部の方針に事前から意見できた。本部の対応のすべてが、すぐに期待通りとはいかなかったが、地域間の格差という論点は共感してくれる人たちもいて、地域の中小企業に対して、賃上げの要求の根拠として示せる自信にはなった。

松田さんは言った。

「春闘はこれから。でも本部に『私たちはやるよ』と示せたかな。地域では集いやすく、戦いやすくなった」

組合のない中小にも労働組合を

JAMではこうした議論がすすみ、他の中小に波及することが期待されるが、中小企業に労働組合がある割合は少なく、国内の約336万5千社のうち、組合がある企業は約0・08%にとどまる。中小企業はファミリー経営なども多く、小さいがゆえに経営者と近しい関係があり、労働組合をあえてつくりづらいともいわれる。またベンチャーなどの新興企業はＩＴ企業も多く、労働組合が身近ではない世代も多い。

一方で日本の企業の９割以上が中小企業だ。働き手の７割も中小企業で働いている。だから中小企業の賃金があがることは、日本の平均賃金をあげていくことにとっても意味が大きい。

実際、厚生労働省が24年10月末に発表した賃金引上げ等の実態に関する調査（有効回答企業数１７８３社）では、３００人以下の企業でも、労働組合がある方が、賃金の引き上げが大きい傾向はみられている。１００～２９９人規模の企業では労組がある場合は１万１３２３円だが、労組がない場合は９８７６円だった。

連合の２０２５春闘の方針では、「みんなでつくろう！賃上げがあたりまえの社会」というスローガンに加えて、サブスローガンが作られ、「みんなでつくろう！働く仲間の労働組合」と、うたわれた。春闘は、いま組合員になっている人たちが賃上げの動きを作り出すことで、組合員以外にも波及効果を生むとされてきた。ただそうした効果をのぞむだけではなく、具体的に春闘をきっかけに組合づくりも広げようという考えを明確に打ち出したのだ。芳野会長は「２０２４春闘の結果を見ていると、やはり労働組合のある方が賃上げの額の率とも非常に高かった」と、その狙いを強調した。

連合は2024年12月4日、都内で、格差是正のフォーラムを開催。午後6時すぎには、東京・有楽町の駅近くで、街宣活動を繰り広げた。ビルのネオンが輝き、人々がせわしなく歩くなかで、「みんなでつくろう！働く仲間の労働組合」とうたう垂れ幕がかかっている街宣車に乗った連合副会長で、JAMの安河内会長はこう訴えた。

「私たちの生活は、海外と比べても、シンプルに苦しくなっている。エンゲル係数が30％超えるところまでになり、本当に貧しくなっている。この状況に歯止めをかけ、反転させないといけない」

そのうえで、働く人の7割が雇用されている中小企業について「社会、雇用を支えている。社会的役割を認め、（中小企業の）賃金をあげていくことを社会的な合意に変えていきたい」。現在は、労働組合が少ない中小企業などでもっと広げていきたいとし、こう呼びかけた。

「労働組合があれば、賃金はあげられる。日本の労働法は世界で最も組合が作りやすい。お友達と二人で労組つくりましたといえばつくれる、そんな国だ。どうか労組づくりにチャレンジしていただきたい。ご通行中のみなさん、労働組合をつくりましょう。賃金をあげて、人をちゃんと採用して、会社を存続させましょう」

Ⅱ　日本編——政策提言

第5章 「官製春闘」の実態
――最大の賃上げ策は労組を増やすこと?

毎年3月中旬にある春闘の集中回答日。多くの企業が、労働組合の要求に対してどこまでこたえるかの回答が最も多く集まり、報道にむけても発表される日だ。特に大企業が出した回答に基づいて、中小が続くことも多く、ここが7月の最終集計に向けて、春闘の大きな流れを見せる一つのメルクマールとなっている。

この日の夕方に2023年、24年、政府、経営者、労働組合のトップが集まる政労使会議が開かれている。これに対して、ある連合幹部のOBはこうこぼす。

「なぜ、春闘の集中回答日に政労使会議をやるのか」

本来、労働協約を締結する労使交渉、春闘は、労使でおこなうのが基本だ。労働組合のトップが春闘の結果を発表することは、その成果が十分ではないという批判も含めて労働組合の実績が示される場だった。

だがその日に政府が主催する会議が開かれ、政労使が並ぶ図では、「賃上げの手柄」もふくめ、政府のものになることへの不快感があるのだ。

「新しい資本主義」の中身

安倍政権の時代から賃上げの旗が振られるようになり、報道では「官製春闘」と書かれるようになった。政府が旗を振らなければならないほどに、労使で賃上げが進まなかったことを指摘する意味がある。

たしかに過去30年、日本では毎年春闘があるにもかかわらず、賃金があがらなかった。日本の賃金はこの30年、ほとんど横ばいを続け、先進諸国に比べて、大きく見劣りする状況になっている。

財務省によると、2007年から18年の平均賃金の国際比較では、韓国が16・9％増、米国は8・7％増、ドイツは14・3％増、フランスは10・8％増で、英国は0％で変わらなかった。日本は1・5％減だった。労使ともに責任があるだろう。

一方で、政権や政府が労使の取り組みに過度に介入することへの是非もある。そして、もう一つ問われるべきは、官製であることそのものよりも、その官製の中身なのかもしれない。

安倍政権、そして新しい資本主義を掲げた岸田政権のもとでは、賃上げした企業への法人税を減税するなどの施策が中心で、企業への支援が目立った。だが政府の税制調査会で24年11月、税制の効果を検証する専門家会合が開かれた。財務省は法人税率が2010年代から引き下げられても、賃金は増えていない、との分析を示した。

また賃上げをめざす一環でリスキリング（学び直し）で、業界をまたぐかたちでの転職も推奨しているが、日本の場合、転職で収入があがるケースは海外に比べて少ないといわれ、厚生労働省の2023年の雇用動向調査によると、転職で賃金が増えたケースは37・2％あったが、減少したケースも32・4％だった。リスキリングは雇用対策にはなっても、賃上げ対策につながるかはわからない面がある。

法政大学の山田久教授（労働経済学）は「賃上げは企業に任せていても、十分に進まない。労組支援のような働き手の内発的な動きを強めることが重要だ」と指摘する。

日本でも法律上は労組に強い権限が与えられている。産業別組合がうまく機能すれば、業界の横の連携をいかしながら同業他社の交渉を圧力にしながら、交渉する環境を整えやすい仕組みになっている。

実際に、労働組合がある方が賃上げ率が高い。厚生労働省が24年10月末に発表した「賃金引上げ等の実態に関する調査」（有効回答企業数1783社）では、全業種でみた場合、組合がある企業の方が、賃上げ率が高い実態が浮かび上がった。

一人当たりの平均賃金の改定率は、労働組合がある場合は4・5％で、労組がない場合は

3・6％だ。労組が「ある」と答えた場合、一人の平均賃金の改定額は1万3668円だったが、「なし」と答えた場合は1万170円だった。

だが、今ある政策は賃上げを目指そうとしてはいるものの、労働組合そのものを増やそう、もっと労組の賃金引き上げ機能を高めるようにしようという方向では進んでいない。

1980年代以降、世界的に公的部門の民営化がすすみ、その後には不安定な雇用が増え、格差が広がってきた。日本が経済を参考にすることが多い米国やドイツでは、こうした社会の均衡を保つために労組の社会的機能を再評価して強化するよう政策のかじを切った面もあった。

米国ではバイデン政権下で「分厚い中間層、もう一度」のかけ声のもと、米財務省が「労働組合と中間層」という報告書を出し、労働組合が機能しやすくするための法案の検討が進んでいる。ドイツでは労組がつくった労働協約が組合員以外に広く適用されるよう条件が緩和されたほか、組合費の税制優遇など強化する政策提案が出ている。

日本でもこのように、政府が企業に対して春闘の呼びかけをするだけではなく、労組の機能を強化する方向に政策のかじを切ることはできないのだろうか。

組合行政の弱体化に拍車

霞が関で労働組合を所管するのは、厚生労働省だ。ただかつて「組合行政」と呼ばれたものは、弱まっていると指摘されている。一つのきっかけは、厚生省と労働省が2001年に統合されたことだった。

厚労省の幹部によれば、労働省には筆頭の局として、労働組合法などを所管する労政局があった。だが、統合するときに、この局がなくなり、数度の組織改編を経てかつての業務はさまざまな局に再編されていった。かつて労政局にあった労働法規課は今は労働基準局にうつり、同じく労働組合課の業務は、労使関係担当参事官が引き継ぐ。

各局では、それぞれプロパーの職員を新規採用していた。労政局がなくなったことで、この労働組合や労使関係を専門的に扱うプロパー職員の採用もなくなり、かつてのように産業別組合としっかりと関係を築くことが難しくなったといわれる。総合職の人事も旧労働省採用の職員が減り、いずれ共通採用者が組織の中心を担うことになることが見込まれるなかで、いかに労働組合行政を引き継げるか、難しい局面になってきているとされる。

もちろん、労働組合の声を受けて出てきている政策もある。

たとえば中小企業の賃上げに欠かせない労務費の価格転嫁だ。政府が2024年6月に閣議決定した「新しい資本主義のグランドデザイン及び実行計画 2024年改訂版」の最初の大きなトピックに挙げているのは「中小・小規模企業の賃上げの『定着』」で、最初に書いてあるのは、「労務費などの価格転嫁の推進」だ。

これは第4章で見たように、中小企業を中心とした産業別労働組合JAMが2010年代半ばから始めた価格転嫁の運動が起点だ。

JAMによれば、消費増税があった2015年の春闘では、9千円のベアの目標をつくったものの、十分な結果が得られなかった。

このため、翌年の2016年からは、経済の好循環に向けて、2%賃金をあげようという発想のもと、6千円のベアとともに「公正取引の実現を世の中に訴える」という方針を打ち出すようになった。中小企業にとって課題となっていた取引慣行はJAM結成当初から政策課題として取り組んでいたが、賃上げの取り組みとセットで強化していく流れを打ち出したのだ。発注側と受注側の取引が公正であれば、受注側の中小企業の従業員の賃上げの原資が生まれるはずだ、というロジックだ。

当時、JAMの労働政策委員長だった安河内賢弘会長は「ない袖は振れないというのであれば、袖をつけようではないか」という発想だったという。

17年からは、製品の価値、労働の価値を認め合うという趣旨から「価値を認めあう社会へ」のスローガンを掲げるようになったが、行政を含む全国的な広がりを持つようになったのは、2021年、コロナ明けの物価高騰からだ。

政府は21年9月から、価格交渉がよくおこなわれる3月と9月を「価格交渉促進月間」とさだめ、JAMは2月と8月を準備月間として取り組みをすすめている。政府では、中小企業の取引実態を調べるため、中小企業に対してアンケート調査をするほか、取引調査員（下請けGメン）にヒアリングによる調査もしている。

ほかに内閣官房と公正取引委員会が23年11月、「労務費の適切な価格転嫁のための価格交渉に関する指針」を公表。24年春には、下請け中小企業振興法に基づく「振興基準」を改定し、適切な取引価格のため、労務費の指針にそった行動を適切にとることなども明記した。

労務費の転嫁をふくめ、適正な取引を進めることを発注者の立場から約束するパートナーシップ構築宣言もつくった。登録企業は、2024年12月時点で5万7千社を超える。また国が全国に設置した中小企業などの経営相談に乗るよろず支援拠点には、「価格転嫁サポート窓口」を設置し、価格交渉に関する基礎的な知識や原価計算の手法の習得をできるように支援している。

厚生労働省の2024年の賃金引き上げなどの実態に関する調査でも、価格転嫁をみる項目が初めて作られた。賃金改定で「企業の業績」を重視した場合、その判断にあたって、最も重視した項目として、「販売価格の上昇」、「販売数の増加」、「原材料費・経費の減少」のうち一つを選択するようにした。「販売価格の上昇」があったケースは価格転嫁できたとみることができ、どういう業種で価格転嫁できているかが把握できるようになっている。

経済の新概念「ビジネスと人権」

経済政策のなかでステークホルダーとして位置づけられることもある。たとえば政府が2022年に出した「責任あるサプライチェーン等における人権尊重のためのガイドライン」では、国際的な潮流で大企業がその下請け企業で起きる人権問題も含めて責任があるとして、企業側として具体的にどんな取り組みが必要かを書いている。この60ページ強の文書では、企業側が協力を得るステークホルダーとして、労働組合が十数回も登場している。

ビジネスと人権は、もともとは国連が提唱し、各国に広がっている経済分野の新しい概念だ。世界に広がる大企業傘下のサプライチェーンで、どう人権を守るかが焦点で、日本企業は海外企業への納入者としても、また海外の労働現場への発注者としても責任を負う。経済は国際的につながっており、その文脈のなかで労働組合の役割をとらえ、位置付けて考えていく必要がある。

第6章　リスキリング
――スウェーデンの労使が作った枠組み

岸田政権の新しい資本主義は、経済成長や賃上げをすすめるため、新産業に人が集まるように、必要なスキルを学びながら、時に応じて転職しやすい流れをつくろうと打ち出した。ステップアップしながら賃上げも進んでいく……そんなイメージだ。働き手一人ひとりが企業によらないリスキリング（学び直し）が重視され、岸田前首相は5年間で1兆円投資する考えを示した。

転職は以前よりも広がっているものの、海外と比べ、転職による給与アップを期待しづらいとされる日本で、この政策をどう効果的に落とし込んでいくかの議論の是非は、いったん横に置きたい。問題にしたいのは、こうした議論の場での労働組合の存在感だ。たしかに会議には、連合の幹部は出席している。ただ本来、賃上げは労働組合の一丁目一番地の話だが、政策の中身で労働組合を増やしたり、機能強化したりする話はでてこず、リスキリングや相談の受け皿としても労働組合は登場していない。

一方で、こうした仕組みに働き手の目線が入るように、労働組合が制度設計やアクターとしてもっとかかわっている国もある。

リストラを受け入れる理由

経済や福祉の政策などで、日本が注目することの多い北欧のスウェーデンは、仕事を変えても給与が上がる国の一つ。その理由について、法政大学の山田久教授（労働経済学）はこう話す。

「スウェーデンの人たちが企業のリストラを受け入れるのは、対象になった6～7割の人が、給与が維持できたり、増えたりするから。それは労働組合が主導して作った伴走型の手厚い支援があることが大きい」

北欧は解雇が容易で、かわりに失業保険が手厚いという見方が長くされてきたが、それよりもこうした一人ひとりに対する支援の仕組みが効いているのだという。

この仕組みが、非営利組織の雇用保障協議会（Trygghetsråden）とよばれるものだ。労働組合と経営者団体が合意してつくられ、これまで解雇したい側である企業がお金を出してきた。企業が従業員を解雇するときは、この雇用保障協議会で雇われているパーソナルアドバイザー（キャリアコンサルタント）が派遣され、解雇される一人ひとりについて過去のキャリアや人脈についてたずねて、再就職を伴走型で支援しているのだという。

この制度は1970年代から始まり、その代表的な組織であるTRR（Trygghetsrådet）では2023年に1万6147人が利用しているという。半年ほどで、その多くが正社員という形で再就職する。5％ぐらいはうまくいかないケースもあるが、中にはリストラをきっかけに起業する人もいるという。

ただし雇用保障協議会は20〜30年も続いているが、対象は組合員のみで、最近スウェーデンでも増えていた非正規（非組合員）の働き手たちは使えない枠組みだった。これが2022年の改革で、非正規の働き手たちも使えるように拡充された。

非正規で働く人たちにも伴走型再就職支援

こうした交渉を、政府や経営者団体相手に進めたのは、スウェーデンの労働組合の連合体「ホワイトカラー労働組合共闘会議」（PTK）だ。ホワイトカラーの職種を代表する労働組合の全国組織であるスウェーデン俸給従業員中央労働組合連盟（TCO）と、大卒の専門職を代表する労働組合の全国組織であるスウェーデン専門職連盟（SACO）に所属する26の組合の利害を調整しながらまとめる連合体だ。

スウェーデンの雇用慣行では、企業が解雇するときは、若い人のほうが再就職しやすいことから、経験が浅い人から解雇する「ラストイン・ファーストアウト」というルールがある。一方で、若い人の雇用を維持したいスウェーデンの経営側からは、「ラストイン・ファーストアウト」に対して、例外規定を求める声があった。

ＰＴＫが交渉を進める形で、長年の議論の末、3名の例外を認めるような労働市場の柔軟化をすすめるかわりに、この雇用保障協議会に国費を入れながら、対象を非正規の働き手と、在職者にも広げさせた。

今後は、非正規で働く人たちも、働き手の立場から見てより良い条件を求めながら伴走型の再就職支援が受けられるようになる。また在職者については、日本でいうところのリスキリングと同じで、いま仕事を持っている人も、時代に合わせて新たなスキルを学べるようにした。

解雇に限らず、自分で転職したい場合も含めた枠組みに変わったといえる。

こうした解雇、転職やキャリア形成をふくめた雇用をめぐる仕組みの制度設計に、少しでも多くの働き手が助かるように、労働組合が深く関与しているのだ。山田教授はこう語る。

「労働組合が何十年もかけて、解雇などの事態に、どう働き手を守るかの議論や取り組みを積み重ねてきていたからこそ、今回のような枠組み作りが実現した」

スウェーデンの場合は、歴史の最も古い社会民主党が政権を担う期間が長く続き、労働組合に入る働き手の割合がかつての8割強より減ったとはいえ、7割弱にのぼる。このため労働組合自体が生活や社会により根付いてきた面はある。その上でこう付け加えた。

「スウェーデンでは、労使がまず向き合ってきてちゃんと議論してきているので、たとえ政権が変わっても揺るがない。労使ともに政治に頼ったり、介したりせずに物事が進められるのも特徴だ」

日本でもすでにリスキリング事業は、経済産業省、厚生労働省、文部科学省がそれぞれ取り組みを進めている。ホームページを見ると、人材大手からITベンチャーなどさまざまな企業が講習のメニューを示している。IT技術にとどまらず、自動車整備士、日本語教師などさまざまなスキルの習得も提案されている。

ただリスキリングで目指していた産業の新陳代謝につながる、賃上げにつながるというよりも、従来の雇用対策の枠組みに近い。

それであれば、ITプログラミングなどのメニューは残しつつも、もともとビジネスとして研修や転職事業をやってきた人材大手などに対して国費を投じるより、今の働き手の4割を占める非正規の働き手がより高い賃金を得られるようにしながら、安定的に稼げるようなバックアップを目指すべきではないだろうか。

そのときにより公共的な立場にあたる産業別組合や労働組合がこうしたリスキリングの事業の担い手の一つにして、働き手を守る立場の視点をいれながら、より安心なスキームがつくれないだろうか。

ITや温室効果ガスの削減などの取り組みが進み、従来の産業構造が大きく変化し、転職や、新たな技術を習得することの必要性が取りざたされるなか、労働組合でも、どう向き合うかの検討が続いている。

その一つが、日本経済の屋台骨といわれてきた自動車産業だ。エンジンがモーターやバッテリーにおきかわるので、必要な部品が3万点から1万点に減少するといわれるなかで、産業内で働く550万人の雇用にも影響がでるとみられている。

自動車総連「あり方委員会」の最終答申

自動車産業で働く人たちでつくる自動車総連は2021年8月、10年に一度まとめられる「あり方委員会」の最終答申で、産業の環境変化があっても対応できる人材育成の仕組みづくりと、雇用のセーフティーネットを構築する重要性を指摘した。

自動車総連は、自動車メーカーなどで働く人たちの産業別組合で、約80万人の組合員がいる。1028ある企業内組合の上に、トヨタ、日産、ホンダといったブランドをベースにした労働組合連合会が12あり、自動車総連はさらに、その上部組織になる。あり方委員会では、自動車総連の本部の役員や、各労働組合連合会のトップ約30人が2年かけて、自動車産業の働き手がおかれた環境と課題を考え、労働組合としての次の方向性を考えてきた。

今回つくられた8つある提言のなかで、提言3に「雇用問題への対応にとどまらず、産業内での中長期的な人材確保スキームを構築するべき」と初めてうたった。具体的には、①雇用危機に陥った際の再就職支援への対応力を高める、②企業の競争力強化と働く者の幸せにつながることをベースとした人材確保策を検討し、産業内で将来にわたり人材を確保する失業なき雇用移動のスキームを構築する――ことを初めて掲げた。

背景には、自動車業界が接している危機感がある。少子高齢化で、働く世代が減るなかで、トラック運転手や自動車整備士といった分野では、すでに人材獲得のし烈さにさらされている。さらに雇用が流動化しているなかで、さらに若い世代の離職や転職者がふえることがみこまれる一方、中小企業でも後継者問題からの廃業も懸念される。

報告書では、「一時的な対応ではなく、将来にわたり、自動車産業として人材を確保する失業なき雇用移動のスキーム構築が必要である。そのためには、現在の雇用問題への対応から一歩踏み込み、企業が危機に陥る前の人材確保策が必要である」と踏み込んだ。

フォルクスワーゲン社を視察

この提言に基づいて、さらに2年かけて、具体的な政策へと落とし込んできたのが、中央執行委員で、業種政策局の岡野芙由美局長だ。２００９年にデンソーに入社し、14年からデンソー労働組合の専従、19年からは業界全体をみわたす自動車総連で働くようになった。

参考にしたのは、欧州の取り組みだ。自動車総連メーカー部会で23年5月にはインダストリオールという製造業の産業別組合の国際組織を視察。やはりバッテリーへの事業転換で雇用に影響がでると確認した。

その後、ドイツのフォルクスワーゲン社を視察した。約50年、エンジンの製造をおこなってきたザルツギッター工場が、2020年代半ばからバッテリー製造工場として稼働することになった。同じ製造の仕事といっても、バッテリーとエンジンでは、仕事の内容が異なる。このため、エンジン部門の約1千人の仕事が失われる見込みがあった。

多くの働き手は、地域から引っ越したくない、働き続けたいといった不安を抱える。これに対して、会社側は2016年時点で、2029年までの雇用維持を労働協約で締結（2024年9月に破棄）。ほかの地域にある既存のバッテリー工場での研修に参加したり、稼働開始に向けて準備中のバッテリー製造工場のプラントツアーをしたりして、新たな環境でも働くことができるような取り組みを促した。こうした従業員に対する情報共有なども徹底することを約束したのだ。

「日本でも雇用を維持したうえでの事業転換や変革が求められている」

自動車総連でも、そう結論付けた。このため、自動車総連では、各社が新たに社員のリスキリングに取り組むための環境整備をつくることの重要性を労使で話し合い、働きかけることを呼び掛けている。

また、企業内部に新しいスキルや知識を習得するための知見やカリキュラムがない場合には、産業内の別の会社からの講師派遣などの支援をすることができないか、検討しているという。

個人が学びに取り組むきっかけやサポート体制づくりを検討することや、体力に限りのある中小企業でも対応できる体制を政策制度面から整備することも目標に掲げた。

自動車総連として、業界横断的な教育プログラムがつくれないかも模索はしたが、互いに、切磋琢磨する企業も多く、それぞれの企業ごとに労使で求める人材に向けたリスキリングを検討する考えで一致した。

連合総研の松岡康司主任研究員は、報告書のなかで、「自動車総連の政策論議の過程で、雇用危機の対応を考える責務は企業にある（労働組合にはその責務はない）との意見が加盟する企業別労働組合からあった。『産業構造の大きな変化』を標ぼうされる現時点でも、企業別労働組合の外部労働市場への関心は希薄で、産業別組合の危機感との意識の乖離は否めない」と指摘する。

他方で、在籍型出向や転籍に対応を進めている。具体的には、公益財団法人産業雇用安定センターで、同じ産業内で再就職先や出向先が見つかるよう、人材のマッチングをおこなう連携、協力を強化することになった。同センターは、本部と全国47都道府県の事務所で、人材を送り出す企業と受け入れる企業の間にたって、情報提供や相談の支援を通じて、人材の橋渡しを無料でしている。1985年に始まり、すでに1万人のマッチングをおこなってきた実績もあるという。

自動車総連の金子晃浩会長は「各地域で連携を深めていってほしい」と語る。

あり方委員会の答申は、2021年から10年かけて、毎年の運動方針で具現化する方針だった。ただこの数年は、コロナ禍があり、急激な物価上昇により価格転嫁の重要性が高まるなど、組織としてこうした対応を優先すると判断した。今後は、答申の取り組みを目指すことを強化したい考えだ。

「日本社会を持続可能にしていくために、自分のスキルや、企業の需要に応じて行き来できるように、労使で協力して付加価値を生む枠組みをつくることができれば、という組合としての問題意識がある」。金子会長は、こうした展望を思い描く。

「いまはまだ初めの一歩を踏み出した段階だ。ただ、労働組合として、雇用が悪化してから防御的に対応するのでは遅い。比較的安定している時期に、雇用環境が悪化しないようにするための積極的な関与ができるのではないか。労組の存在意義にかかわると思っており、賃上げだけではなく雇用という軸を考えから、労組があるからこその付加価値というものをどうだしていけるか、模索したい」

ないか。実はそんな試行錯誤はかつてもあった。

リストラが進む時代に

働く人が転職する可能性を前提にしつつ、産業別組合が、セーフティーネットの一部を担えないか。実はそんな試行錯誤はかつてもあった。

１９９０年代から２０００年代にかけてあったのは、電機メーカーなどで働く人たちの労組がつくる電機連合で、リストラが進む時代に、組合員に向けたものだった。

電機連合が提起したのは、１９９５年７月の定期大会。「雇用の流動化と多様な雇用システム」に関する問題提起をおこなった。95年当時は、今振り返ってみれば最多の組合員数で、86万人。「組合員数１００万人」を目標に掲げていた時期だった。

２年後の定期大会には「構造転換に向けた能力開発、教育訓練制度のあり方」をまとめ、その２年後の同大会には「職業アカデミー構想」を提起した。その構想をきっかけに、専門委員会と、経営側ともこのテーマで話し合う場として、労使研究会を立ち上げた。

背景には、組合員の急減があった。最初に提起した95年から５年後の２０００年には組合員数が21万人減の65万人に。23年後の２０２３年の組合員数が７万人減の58万人なので、わずか５年間での減り幅の激しさがわかる。１９９０年代当時、電機メーカーは次々と工場を海外に移転し、働き手の配置転換が進み、現場では危機感も強かったという。

こうした取り組みを進めたのは、組合員がどんどんリストラされ、減っていく中で、組合員が同じ産業内で仕事を見つけられれば、といった思いもあったという。ただ激動の時期に、あえてこうした取り組みを進めるには、こんな批判の声もあった。

「『雇用の流動化を加速させるためにやるのか』『自社で働き続けられるような強い個人を育てるためなのか』と狙いがあいまいだ」

「企業内やグループ内の移動でも苦労している。企業を超えた移動を組合員が受け入れられるのは、相当の意識改革が必要だ」

「本来、国や地方自治体の政策として取り組むべき構想ではないか」

経済構造の変化と雇用

それでも2000年4月、電機連合として労使による職業訓練構想を案として策定した。当時の鈴木勝利中央執行委員長名で各社の労働組合幹部に出された文書には、問題意識がこう書かれている。やや長くなるが、考え方が示されているので、引用したい。

「今後の日本経済は大きくは成長産業と成熟産業に色分けされ、特に雇用吸収力を持っている成熟産業の限界は、失業問題を派生させ、雇用に深刻な問題を作り出していくものとみられる。また雇用吸収が期待される新規事業として、例えば環境関連産業や福祉関連産業が考えられるが、これもまた、国民の大多数を占める雇用者の職業が安定して初めて需要が発生する部門であり、環境関連産業も『雇用労働者数』としては多くを期待できない。

成長産業として期待されている情報・通信関連産業は、新技術・ソフトの開発が成否を握るが、情報化の一方の側面として、人員の削減効果を考慮しておかなければならない。これは従来の産業構造による『市場規模と雇用者の関連』が変わることを意味しており、市場規模の割りには雇用への貢献は大きくないと思われる。

その結果として今後の日本経済は、雇用に対する不安を持ったまま、悲観的に見れば失業率が高止まりのまま推移していくと見ざるを得ない」

こう経済構造の変化と雇用に対して読み解いたうえで、事業構造改革と人材育成についてはこう書いた。

「こうした日本経済全体の動向を参考にしつつ、視点を変えて電機産業を分析した場合、電機産業自体における国内外の競争力は、新技術・新ソフトの開発力が企業の優劣を左右することになる。

それは企業の付加価値を生み出す職能や階層が変わることであり、当然のように雇用や処遇のあり方に影響しそれらが各社において進展しつつあるのが現状である。

一方、企業を取り巻く環境には大きな変化が訪れてきており、特にグローバル化の一環といわれる国際会計基準の採用や、関連した株主重視の要請は避けられない要素になっている。こうした背景事情は、日本におけるコスト構造の問題をいやが上にも浮き彫りにし、これも雇用・処遇に影響を与えることになる。

かつて日本企業の『三種の神器』と呼ばれた『長期安定雇用』『年功型処遇』『企業別労働組合』は、徐々にとはいえ、変質を余儀なくされる時代を迎えている。

今後の経済構造、電機産業の構造を考慮すれば、いままでのように多くの人が一生を一社に過ごす時代から、二社・三社を移動する傾向は強まらざるを得ず、そのためにも適応できるシステムを、社会にも産業内にも整わせておかなければならない。

企業にとっては、事業構造の改革を進めるうえにも、働く従業員の能力向上、あるいは職種転換に伴う適切な人材育成が欠かせないのと同じように、組合にとってもまた、組合員の職業の能力の向上は、雇用確保の努力に必要不可欠な要素になっている。

企業間の移動にしろ、企業内の職種転換にしろ、従業員の人材育成が欠かせないとすれば、そのために労使が協力して取り組むことは労使の義務といえる時代である。

現在おこなわれている各企業の教育訓練制度は、当然のように当該企業の企業文化なり価値観によって進められている。

しかし前述してきたように、これからの経済動向や事業構造の改革にとって、個別企業の中だけで通用すれば良しとする考え方は、『雇用確保』や職種の『ミスマッチ』にとって、その有効性を持たないことは明らかであり、企業を超えた人材の尊重こそが企業責任になる時代である」

最後のほうで、働き手の視点から、こう結んだ。

「そうした時代の到来を迎え、私たち労働者もまた、新しい職種への挑戦や企業の枠を超えて必要とされる求めに応じていく態勢（意識と能力）を作っておかなければならない。

したがって、電機連合が提唱する本構想は、組合員・従業員が『働く意欲と健康』を保持し、かつ新しい分野に向けて自らの能力アップを図る意欲的な制度である」

その年の定期大会には、電機産業全体で人材の活性化を図ることを目指す「職業能力開発センター」の発足に向けた検討を本格的にスタートさせる提起をおこない、03年の定期大会で、職業アカデミー構想を確認。その年の10月に「電機産業職業アカデミー」を設立した。

職業アカデミーの四つの柱

電機産業職業アカデミーがつくった発足当時のパンフレットを見ると、その設立趣旨をこううたう。

「かつては、企業が時間とコストをかけて、個人の職業能力開発をおこなってきました。終身雇用が当たり前で、長期的な計画をもって教育訓練できたからです。そのため、働いていれば、個人は自動的にキャリア開発できました。しかし、私たちを取り巻く環境は大きく変わり、今は個人自らが主体的にキャリア開発しなければならない時代となりました。また自分らしく生きる、やりがい・働きがいを持って仕事をするという観点からも、キャリア開発は重要性を増しています」

そしてページをめくると、「能力開発は『費用』ではなく『投資』です」と太字で書かれていた。

職業アカデミーには、四つの大きな柱があった。組合員一人ひとりを支援するという文脈で、①キャリア電話相談、②大手企業研修講座の受講、③HPでの採用情報の提供。また加盟組合を支援するという趣旨で、④キャリア開発推進者の養成を掲げた。

大手企業研修講座では、加盟組合企業の12社にかけあって、各社員向けの研修講座について、企業を超えて、組合員であれば講座を受けられるように公開してもらった。この14社は当時の社名で、松下電器産業、東芝、日立製作所、富士通、NEC、三菱電機、三洋電機、シャープ、松下電工、富士電機、パイオニア、沖電気工業、CSK、神鋼電機。特に注目されるのが、中小企業もふくめて組合員であれば誰でも研修を受けられるようにしたことだ。切磋琢磨している同業他社に向けて公開するわけで、本来は極めてハードルが高いはずのことだった。

研修は、業界ならではのコースを含む２５００コース。大きくはものづくり、ＩＴ関連、事務・管理、営業・経営、そしてリーダーシップやコーチングなどの研修の5種類を準備した。電気電子回路基礎を英語で学ぶコース、Ｃ言語基礎コース……。

ただ実際、こうした講座を受けたのは、初年度は数人で、中小は一人もいなかった。その後も広がりを欠いた。

ネックになったのは、自腹で10万円ほどを払わないといけないというスキームだったようだ。職業給付金など、さまざまな制度の対象にならないか、かけあったが、難しかったという。また今でこそ、オンラインなどの手段もあるが、さまざまな地方に住む組合員にとっては、研修を受けに来る時間的、経済的負担も大きかったとされる。

キャリア電話相談は、週に1回夕方17時～20時に電話できるキャリア・カウンセリングのプロへの相談窓口だ。社員だけではなく、社員の家族も相談できる仕組みにした。ほかにも無料職業紹介事業として厚生労働省に登録し、ＨＰ上で、業界内の転職や就職にかかわる情報を提供した。

当時の電機連合が最も力を入れたのは、こうした発想の転換を組合員に促すため、各組合におくキャリア開発の推進者づくりだった。さまざまな研修を受けられる機会をつくるだけではなく、まず、一人ひとりが、どういう目標のために、どんな研修を受けたいのかを考えてもらわなければいけない。受動的に企業に提供される研修を受けるのではなく、個人が主体的に動き、能動的につくるキャリアが必要だという「気づき」を得て、キャリアの目的・計画を持つことを促すことが重要だと考えたのだ。

このため、キャリア形成の研修プログラムがあり、その実践をおこなってきた厚生労働省の認可法人の中央職業能力開発協会と協力した。2泊3日の合宿型の研修などで、ロールプレイングやカウンセリングなどについて学び、キャリア開発づくりを進めた。3年で600人のキャリア開発推進者を養成することを目標にし、最終的に969人を生み出した。

電機連合のキャリア開発推進者の研修プログラムづくりは、厚生労働省からの委託研究事業にもなった。2カ年にわたって電機産業界におけるキャリア形成支援促進に関する調査をし、調査研究で報告書を出した。労働組合に対しては逆風が吹いていた時期だったが、厚労省や各政党との政策について議論を深めるなかで、理解が得られていったといい、2003年からの2年間、この調査のため、計1千万円の補助金を受けた。

電機連合は2008年の論文報告で、発足当時を振り返り「『組合員のキャリア開発支援』そのものは、産業別労働組合としては初めての取り組みだが、雇用確保という観点からすれば組合活動の原点であり、従来の『守りの雇用確保』から『攻めの雇用確保』へと運動を転換したと言える」と位置付けた。

いま振り返ってもかなり先駆的な取り組みを開始していたが、財源的な制約もあり、かつ社会環境も変化していった。電機連合が、実態と今後への要望を把握するため、2011年9月から12年1月の間にアンケートとヒアリングを実施したところ、「雇用を創り、そして守るための手段として、こうした考えに基づく本取り組みを志高く位置づけ、じっくり進めていくべき」とする声もある一方で、「先見性のある取り組みだが、単組活動の中での活用が難しい」「名称と内容にギャップがある」といった意見もあった。

電機連合は2012年7月の定期大会で、こうしたアンケートとヒアリングの結果から、電機産業職業アカデミーを終了すると決めた。

電機連合が職業アカデミーを発足させた1990年代から2000年代にかけ、金融危機もあって、百貨店の業績も急激に落ち込み、経営が傾きだしていた。このとき、百貨店で働く社員を支援し、百貨店の地位を高めようとする流れのなかで、労働組合発で、労使が業界横断的に新しい取り組みをおこした事例もある。

2003年につくられた、百貨店業界で働くうえで必要な専門知識や接客術をもつ人を認定する「百貨店プロセールス資格制度」だ。女性用や男性用の衣服のフィッティングに関して専門的知識と技術をもつ「フィッティングアドバイザー」および、冠婚葬祭や年中行事に関する知識をもち、贈り物の用途や目的に応じて、アドバイスできる「ギフトアドバイザー」といった資格だ。この資格をベースに、2017年から国家検定資格「接客販売技能士」がつくられ、現在もその運営には、UAゼンセン百貨店部会が関わっている。

百貨店プロセールス資格制度を主導して考えたのは、当時、西武百貨店の労組の中央執行副委員長だった平塚大輔さん（現・明星大学特任教授）だ。平塚さんは1982年に西武百貨店に入社し、営業や業務改革、販売サービス（教育担当）の担当を経て、94年から西武百貨店労働組合専従となり、書記長、副委員長に。平塚さんが中央執行委員長に選ばれた直後にセゾングループの過去債務の清算の一環として、年間に3回にわたる人的リストラで2000人近くの社員がリストラされた。転身支援の援助も退職金の上乗せもなかった中で、組合独自で、転身支援室を立ち上げ、退職者の再就職などの支援もおこなった。ただこうした流れの中で、平塚さん自身も04年、「自らもけじめをつける」と退社。IKI createという会社を起業し、労働組合や流通、メーカーなどに向けて、リーダーシップにむけたセミナーや能力開発のワークショップなどをおこなっている。

どの百貨店に行っても高いレベルの接客

その平塚さんの原点になっているのは、「攻めの雇用保障」という考え方だ。交流があった法政大学の藤村博之教授（現・独立行政法人労働政策研究・研修機構理事長）から、労働組合は雇用を守ることばかりを主張するのではなく、「攻めの雇用保障」を目指すべきだ、という言葉を聞いた。「『あっていい組合から、なくてはならない組合になろう』と考えた」と振り返る。

当時、西武百貨店では「自分のキャリアは自分で創る」を合言葉に、労使での能力開発プロジェクトを立ち上げ、さまざまな取り組みをおこなっていた。2000年、労組と会社側でそれぞれ1億円ずつ出資して、社内の教育センターとして、株式会社「キャリアオン」をつくった。設立にあたっては組合として闘争資金を切り崩した。各種研修や国内外の視察セミナー、社内資格制度や40代以上の社員に対するキャリアプランのセミナーを開催した。

2001年には、平塚さんは、日本サービス・流通連合（JSD、現・UAゼンセン）と百貨店協会のメンバーで構成される人事労務委員会で、新たな取り組みの組合側リーダーを任される。そのプロジェクトで、西武百貨店労使での取り組みをベースに百貨店協会認定の共通資格（百貨店プロセールス）を企画考案したのだ。

顧客にとってはどの百貨店に行っても均質化された高いレベルの接客が期待でき、販売員にとっても接客の専門性が自社の枠を超えて認知される能力開発の目標となる。また共通資格により、一定の販売力が担保されることによって、家族の都合などで別の地に引越し、そこに系列店がなかったとしても地域の百貨店でも採用されやすくなる。人事にとっては採用コストをかけずに即戦力となる人を雇えるようになる。それぞれにメリットがあり、かつ業界としても他業種の販売職と差別化でき、モチベーションが高まることをめざした。

百貨店業界にとって冬の時代、価値をどうつくるかが模索されていた中で、この提案は経営側にも歓迎された。

資格のシステムとしては、3級は、筆記試験でフィッティングやギフトアドバイス、靴販売の基礎がわかっていて、顧客のニーズに応えられる知識があると認められる場合に、認定証が発行される。2級は実技試験で、洋服、靴とものフィッティングやギフトアドバイスで、売り場でも専門家と認められる場合で、シルバーのピンバッジが付与される。1級は日本百貨店協会の人材判定委員会で面接もあり、指導育成もできるレベルに対して、ゴールドピンバッジが付与される——というものだった。

1級は558人、2級は1万530人、3級は1万7285人が取得した。

ただ時代の流れで、百貨店のフロアで商品を販売するのは、各社とも百貨店の社員ではなく、それぞれのブランドのスタッフとなるなど、業界も変化していった。2016年から、プロセールス資格の国家検定化を検討して申請、17年から厚労相から国家検定の認可を受け技能検定「接客販売技能士」が始まった。

労働組合が就労支援団体と連携

あらためて労働組合が、こうした能力開発を通じた雇用保障をすすめられないか。そんな研究を、連合のシンクタンクである連合総研もおこなった。2024年秋、「就労支援と能力開発の一体的な仕組みの構築に向け、労働組合が期待される役割についての考察」の報告書を中心的にまとめた松岡康司主任研究員は、産業構造の大きな変化と向き合う重要性があることを指摘し、個人の考えであるとしたうえで、「雇用確保の責任を民間の企業内の労使だけが持つのではなく、産業別労働組合、連合、企業、政府などが分担して持ち合い、雇用確保が社会契約として埋め込まれているスウェーデンモデルをめざすべきであり、就労支援機能を併せ持つ『中間組織』と労働組合の連携・ネットワーク化はそのような社会を実現するためのツールとなりうる」と言及した。

労働組合が一から研修の場をつくったり、就労支援をしたりするのではなく、すでにある地域の中間団体と連携して、働き手の視点に立ちながら、もれのないスキームをつくるイメージだ。念頭にあるのは、たとえば愛媛県にある公益財団法人えひめ東予産業創造センターのように、地域の代表的な企業がノウハウや人材を提供する形でプラントのメンテナンスなどの各種研修を開いているところと労働組合や産業別組合が連携するかたちだ。

労働組合が企業と連携し、日々更新されていく「求められるスキル」に対応できる講師を派遣することも含めて考えられるほか、就労するときの枠組み作りにもかかわれるという。たとえば「中間組織のカリキュラムを修了した人を優先的に採用する『協定』を研修ノウハウや講師などの人材提供企業と締結することも考えられる。労使でのスキーム作りも産業別組合が担えるところだろう」と指摘した。労組がはいることで、働き手の視点に立った相談にのったり、より安心につながる制度をつくったりすることができるということだろう。

新たにつくる支援の枠組みは、従来の労働組合の考え方からすれば、「自産業から他産業に人材や研修ノウハウが流れてしまう懸念もある」としたうえで、それでも時流を考えて、今までの常識や発想の転換が必要だと強調した。またこうした人材の移動は産業間を超える可能性があることから松岡主任研究員は取材に対して、「連合が産業別労働組合間の必要な連携にむけて役割を発揮できるのではないか」と話した。

この新しい枠組みをつくる場合には特に、組合員以外、主に想定される非正規の働き手に広げるべきだとも指摘した。松岡主任研究員は、「同じ環境で学ぶ機会をつくれることは、労働組合にとってもすそ野を広げられる機会になる」とも話した。

同じような問題意識に立った現場を取材したことがある。コロナ禍の群馬県大泉町で、日系ブラジル人ら外国人を支援する一般社団法人日本海外協会がおこなおうとした取り組みだ。

多くの外国人は非正規で働いているが、当時、自動車工場が稼働する日数や時間が減ることで、収入が減ってしまうケースが増えていた。解雇よりはましで、辞めるほどではない。ただ休みとなってしまった日を、前向きにキャリアアップにつなげられないか。同協会では、手に職をつける機会をと考えて、自動車業界で担い手の少なさが課題になっている自動車整備士の資格をとれるような研修メニューを考えていた。相場より安く研修が受けられれば、工場が稼働していない日に受ける人もいるのではないかと考えたのだ。

同会の代表理事、林隆春さんは愛知県にあった派遣会社アバンセコーポレーションの創業者。日系人の受け入れに初期からかかわった一人だが、当初の想定と異なって滞在が長期化し、結果的に社会の格差問題を作り出したと考えるようになり、同社幹部在任中から退任後の今も、外国人の暮らしの支援を自らの資産を投じて独自に続けているという。取り組みをめぐっては、こう振り返る。

「もうちょっと学べば、より伸びる子たちもいる。安く学べる機会があれば彼らにもメリット。いま少なくなっていると指摘される自動車整備士が増えれば、日本の業界にとってもメリットがある。ただこのときは、一地方で人数が少なくて、事業にするにはスケールが足りなかった」

誰もが学べる枠組み

もし、こんなふうに産業別組合が、非正規の働き手の「働き手としての価値」を明示化したり、高められたりするように資格を取得することや、その資格がキャリア形成や就労に結びつくように労使間の協議を後押しできれば、産別によっては、いまはまだ関係性が薄いと指摘される非正規の働き手たちとの接点になる。産別にとっても、長期的には組合員のすそ野を増やすことにもつなげられるかもしれない。既存の組合員以外のためだけではなく動くことは、組合活動に対する社会的な理解を得やすくもなるだろう。

日本の労働組合をめぐっては長く、企業別労働組合が強く、産業全体をみわたす産業別組合の機能が弱いという指摘があった。企業別組合は組合員にとって身近な組合だろうが、それだけでは経営者の意向が強い影響力をもちがちになる側面は否めない。また、一つの会社や業界にとどまらない雇用や、経済の実態にもあわなくなっているとも指摘されてきている。労働組合が本来、組合員以外の幅広い働き手の問題に対応する社会的役割があることを考えれば、こうした誰もが学べる枠組みをつくることは接点の一つとして有効になるかもしれない。

産業別組合にとっても、いまのリスキリングのような機能を担うようにしていくことは、企業別組合を超えて、産別を強化し、労働組合につなげられるのではないか。政策で誘導するかたちで、産別に、今まで以上に社会的な役割を担ってもらう位置づけがなされることで、労働組合の改革を外から後押しすることができないだろうか。

第7章　ワークルール
——学校教育で広がらない「働く上での基本ルール」

元アナウンサーでエッセイスト、メディアパーソナリティーの小島慶子さんは2010年にTBSを退社し、フリーランスになった(第4章)。かつての上司が社長を務めるTBS子会社の芸能事務所に所属し、渡された契約書の中身を読んで、サインした。「これからは自分で自分を守らなくちゃいけないし、交渉もしていこう」。そう意識したのを今も覚えている。

その後、フリーランスの世界では、実はこうした契約書を結ぶこと自体が、まれなケースだと知った。でもフリーランスになった時点で、契約書を結んだり、その中身を確認したりすることの重要性を意識できたのは、大学時代に履修した労働法の講義があったからだという。

「学校では先生の言うことを聞くのが当たり前だった。それに、うちは親がサラリーマン家庭だったので、勤め人は会社の言うことを聞かなくちゃいけない、そう思っていたのです。でも労働法を読んでみたら、働く人の権利を主張していて、かつ理不尽な働かせ方をしてはいけない、と。いいじゃん、これって。目から鱗が落ちるようでした。触れておいて良かった」

法学部政治学科で、労働法を専攻したわけではない。高校時代、「労働三権」という言葉を聞いたのは覚えている。公民が好きだっただけに、興味をもって、その講義を受けただけだ。TBSでの労働組合の副委員長としての経験も大きい。ただ、働き手としてより不安定な立場になったとき、身を守る術につながったのは、大学時代に学んで頭に残っていたことだった。

「仕事上のトラブル」1位は

2022年末の連合のフリーランスの契約に関する調査（有効回答千人）では、フリーランスとしての業務を受注する際の契約書について「いつも締結している」と答えたのは、23・8%にとどまる。締結の中身が、納得のいくものかまでチェックする必要もあるが、そもそも締結自体が4人に1人に満たない。

一方で、同じ調査で、「仕事上のトラブルを経験したことがある」と答えた人は46・1%いた。最も多いのは不当に低い報酬額の決定で、一方的な仕事の取り消し、そして報酬の支払いの遅延が続いた。

トラブルは、フリーランスの働き手に限らない。連合が2024年1月におこなったワークルールの調査（有効回答千人）でも、全国の20〜59歳の男女の41・1%が「職場において働く上でのトラブルにあったことがある」と答えた。

経験したトラブルでは、1位がいじめ・差別（男女差別ハラスメント、嫌がらせ）など、2位は労働時間（週40時間、休日・休息。年次有給休暇）、3位は給料（賃金未払い、不払い、残業・休日手当・割り増し賃金未払い、ボーナス、最低賃金、昇級関連）、4位が雇用（解雇・退職強要・契約打ち切り、合理化・倒産・閉鎖、解雇予告手当、休業補償）などだった。

これから働き出す世代にとってみれば、どうか。

折しも、春闘が話題になった後の2024年夏、私はある公立大学で、大学2、3年生向けに講義をした。これからのキャリア選択を考えるという授業の一コマだ。講義では、私がなぜ新聞記者になったのか、そして新聞記者の仕事について紹介した。事前課題として、最近の仕事である「GLOBE＋」にある「労働組合の新境地」(https://globe.asahi.com/feature/11035561）のうち各々3本を読んでもらって、感想も寄せてもらった。

この日は学生71人が出席していた。

「『連合』を聞いたことがあった人」

こう尋ねたところ、お互いの顔を見合わせながら、手をあげてくれたのは学生の2割程度だった。

「事前課題を読む前に、労働組合の機能について知っていた人」

手をあげる学生は見当たらなかった。

本来は、キャリア選択を考える学生にとって、労働をめぐるテーマは身近な問題だ。事前課題の記事のテーマが労働組合だったから労働組合と尋ねたが、ワークルール（働く上での基本的な取り決め）でもそう変わりはないだろう。たとえば記事をめぐる感想では、みずからのバイトであったトラブルの体験などに引きつけて書いてくれていた人も何人かいた。許可をとって一部を紹介させていただく。

一人の学生が書いてくれた経験によれば、バイト先によって提示してくるルールは全く違った。はじめのバイト先は賃金が15分単位でしか出なかったという。ほかにも、着替えの時間が労働時間にふくまれなかったり、労働基準法は関係なく連続勤務があったり。「散々だった。はじめてで何もわからず、このようなことが異常だとわからなかったが、友人や両親と話すにつれ、おかしいとわかった。（中略）それ以降は面接の際にルールを確認するようになり、今の勤務先は述べたような問題はひとつもない」

別の学生も、周囲の労働をめぐるトラブルの話にふれた上で、「義務教育期間にそういった自分自身のために知っておくべき制度に関する講義をするべきだと常々感じていたので、その論が広がっていってほしいと強く思う」とコメントを寄せてくれた。

文部科学省が定めている学習指導要領にはワークルールにかかわる労働分野について教える

よう掲載されている。学習指導要領とは、全国の学校で一定の水準が保たれるよう、定められている教育課程の基準で、約10年に一度改定されているものだ。

2018年告示の高校の学習指導要領の解説を少々長くなるが、そのまま紹介したい（125ページ）。

2017年告示の中学校の学習指導要領でも、「勤労の権利と義務、労働組合の意義及び労働基準法の精神について理解すること」と記され、学習指導要領の解説でも、「労働条件の維持・改善及び経済的地位の向上を図ることを主たる目的として労働者が自主的に組織する労働組合の意義や労働基準法が労働者が人たるに値する生活を営むための最低の基準を定め、労働者を保護しようとしていることと関連付けて理解できるようにすることが必要である」などと言及している。

教科書にはどう書かれているか

文部科学省によれば、こうした労働分野にふれたり、時間を割いたりするかどうかは「各学校の判断による」。

たとえば中学3年の社会の時間は140時間。公民以外、歴史も教えられることになっている。ただ多くの学校では歴史を先に教え、公民を教える流れがあるといい、公民科で労働分野

「雇用と労働問題については，近年の雇用や労働問題の動向を，経済社会の変化や国民の勤労権の確保の観点から理解できるようにすることを意味している。その際，使用者と労働者との間で結ばれる契約についても，誰と契約を結ぶかなどの自由はあるが，労働者を保護するため，勤務時間など労働契約の内容に関しては労働基準法などによって契約の自由に就業規則などの制約が加えられていることを理解できるようにする。その際，「仕事と生活の調和という観点から労働保護立法についても扱うこと」（内容の取扱い）が必要である。また，終身雇用制や年功序列制などの雇用慣行の変化，非正規社員の増加，中高年雇用や外国人労働者に関わる問題，労働組合の役割などと関連させながら，雇用の在り方や労働問題について国民福祉の向上の観点から理解できるようにすることが大切である。

さらに，違法な時間外労働や賃金の不払いなどが 疑われる企業等との間でトラブルに見舞われないよう予防するため，また，トラブルに直面した場合に適切な行動をとることができるよう，労働保護立法などに触れるとともに，そのようなトラブルを解決するための様々な相談窓口があることについて理解できるようにすることも大切である」

2018年告示の高校の学習指導要領の解説。公民科で新設された「公共」の記述が出てくるのは12月で、受験直前になっているケースが多いという。中学でも、高校でも、それぞれの学校の授業でどれだけの時間を割いて教えているかはわからない。

厚生労働省では、ハンドブック「これってあり?まんが知って役立つ労働法Q&A」(https://www.mhlw.go.jp/stf/seisakunitsuite/bunya/mangaroudouhou.html)を全国の高校に直接配っている。担当者は「使ってくれている学校では、授業そのものではなく、ホームルームなどの時間で、進路指導の一環として使っていると聞く」と話す。

そもそも教科書はどうなっているのか。

連合北海道が2014年に、文科省検定を経た全国7社の公民教科書について、調べたことがある。連合に寄せられている相談内容から若い世代が知っておいたほうがいいと考えた17項目の記載があるか、説明が十分あるかを確認した。

本文で、「最低賃金」「有給休暇」「三六《さぶろく》協定」「就業規則」「雇用・労働契約」「労災」「残業・割増賃金」「労働組合の役割」「男女雇用」「解雇・退職」など14項目、そして巻末資料(用語解説)で、「労働基準法」など3項目の記載があるかを調査した。

1社では17項目のうち13項目の記載や説明があったが、6社の教科書で記載は半数に満たなかった。法定労働時間を超えて残業させる場合に労使で結ぶ「三六協定」は記載・説明があったのは1社のみで、「就業規則」は全社で記載がなかった。

ほかにも、連合北海道が、北海道の公立高校の２００９年から13年の受験問題を調べたところ、ワークルールに関する内容は「労働三権」が５年で一度出てきただけだった。調査をおこなった当時、連合北海道の非正規労働センター・組織対策局長だった齊藤勉さんは「ワークルールを学ぶ機会が少ない状態で社会に出される若者がいる。せめて教育委員会でつくれる副読本を作成してもらえないか」。そういって北海道教育委員会を４〜５回訪れ、２０１４年に補助教材の追補版として作成してもらった。

そもそも知っていれば生じない問題

齊藤さんは１９８３年、北海道ダイエーに入社し、労働組合の執行委員に就任。上部団体であったゼンセン同盟（現・ＵＡゼンセン）に出向し、その後、連合北海道に派遣されていた。

齊藤さんは、小学校４年のときに父親が亡くなり、それまで働いたことがなかった母親がクリーニング店の受付の仕事を始めた。ただ、賃金未払いもあったため退職。その後働いた会社で、経営の合理化では母親をはじめとする弱い立場の人が真っ先に解雇された。労働組合で働くようになったとき、相談をうけて、経営者とも交渉してみると、経営者側がそもそもワークルールを知らないケースも多かった。「働き手にとっても、経営側にとっても、そもそも知っていれば生じない問題、そしてすぐに解決できる問題も多いのではないか」と考えるようになった。ワークルール教育を普及させたいと思う原点だ。

退職した今も、2018年からは地元のラジオ局で連合北海道が提供している「ワークライフシナジー（仕事と生活の相乗効果）」という番組のパーソナリティーを続けている。北海道労働局が準レギュラーとして出演し、労働法制を伝える、珍しい番組だ。

2015年からは毎年、国立室蘭工業大学でゲストスピーカーをつとめ、学生にワークルールの重要性を伝えている。意識しているのは、どう学生たち自身が自分の身を守れるようになるか、ということだ。

平和学や基本的人権論の授業では、学生たちのバイト先でのトラブルを聞き取る。全員に聞こえるように、講義中にスマートフォンのスピーカーをオンにして、バイト先との電話交渉する様子をそのまま見せる。さらに行政の相談窓口に電話をし、ハードルの低さを知らせる。客観的な事実を集める方法、相談時のポイント、そして職場でのコミュニケーションの取り方などを具体的に教えている。授業に、連合北海道のメンバーに来てもらってロールプレイのようにして相談を見せることもある。

ここ数年、ネット上で、ワークルールに関する情報動画も増えた。ただ、すべてが正しい内容とは限らず、「発信元の確認も大切」と伝えている。

受講生は5千人をこえ、卒業生から相談を受けることもある。講義を担当している同大の清末愛砂教授（憲法学）によると、非常に人気が高い講義で、毎回学生が５人以上並んで齊藤さんと話していくという。清末教授は言う。

「憲法や法律は縁遠いと感じられがちだが、齊藤さんの授業を通じて、権利は絵に書いた餅ではないと感じてもらえるようだ。身近なワークルールを学ぶことで、憲法や法律は自分たちを守るためのものだ、法律は生きている、とわかってもらえる。

権利は与えられる恩恵のように思いがちだが、自分を守ってくれる、自分が持っているものだとわかると、自分が行使するときも躊躇しないし、他人が権利を行使するとき、変な妬みも発生しない。そうやって権利意識をつくることにつながる」

もう一つのメッセージもある。

「大学の授業で憲法や法律を学んでも、忘れてしまうものかもしれない。でも、この授業を通じて、学生たちが将来、助けが必要になったとき、孤独に陥らず、だれかは助けてくれる、連絡する場があるということは、思い出してもらいたい」

齊藤さんは言う。

「ワークルールを学ぶということは、結局、人権にどう対応するかを学ぶかということ。これは政治や党派、経営者か労働者かといった立場は関係なく、誰にとっても必要なことだ」

このように大学や高校などの学校の現場が、専門家を招いて授業をおこなってもらうケースもある。労働分野を専門とする弁護士らが所属する日本労働弁護団が、自主的に学校に対して出前講座を行っているほか、連合や産業別組合、関連団体も出前講座や授業をおこなっている。

ほかにも、学校現場でのワークルールの教え方をめぐっては、厚生労働省が高校の教員向けに、労働法の教え方を学べる冊子「『はたらく』へのトビラ～ワークルール 20のモデル授業案～」もつくり、24年度からはこの動画も発信する予定だ。

もっと教育現場で、ワークルールを学ぶ機会を作りたい。そんな動きがこれまでなかったわけではない。

ワークルールを教育として広げようという機運が高まった場所の一つが北海道。北海道大学の故・道幸哲也《どうこうてつなり》名誉教授を中心に、働き手にも、経営者側にも、もっと知識があれば、と始まった。道幸教授が代表をつとめたNPO法人「職場の権利教育ネットワーク」(札幌市)で2013年に、ワークルール検定をつくった。連合本部もかかわり、全国展開をはかった。より広げようと、一般社団法人日本ワークルール検定協会(東京都)を発足し、今も年に春秋2回続けてきており、累計受検者数は2万人を超えている。

厚生労働省では2008年8月、「今後の労働関係法制度をめぐる教育の在り方に関する研究会」がつくられた。09年2月まで計6回開かれ、とりまとめられた報告書では、「学校、家庭や地域社会、企業等が連携して、個々人の状況に応じた継続的かつ効果的な教育の枠組みを再構築することが急務とした上で、それぞれの役割や取り組みが必要だ」と提言した。

超党派の国会議員が動いて、ワークルール教育をすすめるための法案作りに取り組んだこともあった。

超党派でつくる「非正規雇用労働者の待遇改善と希望の持てる生活を考える議員連盟（非正規議連）」（当時の会長・尾辻秀久参院議員）が2014年11月に発足。その後政府に対し、ワークルールや公契約の基本法を制定することを要請した。

議連の事務局長だった石橋通宏参院議員が、議連発足にむけて動いた一人だ。労働組合や国際労働機関（ILO）などの勤務を経て、2010年にNTT労組やKDDI労組といった情報通信関連企業の労働組合などでつくる産業別組合の情報産業労働組合連合会（情報労連）の組織内議員になった。リーマン・ショックの数年後だった当時、自民党内でも非正規雇用や雇用環境などに問題がある企業に課題意識があるベテラン議員たちがいて、働きかけると、「ぜひやろう」と前向きな反応が返ってきたという。

議連でヒアリングを重ね、「充実した職業生活を営むことのできる働き方の実現及び健全な事業活動の促進に資するためのワークルール教育の推進に関する法律案」をつくった。

法案は学校教育、大学のみならず、地域、職場で経営者なども含めた形でのワークルール教育の推進をめざす内容だ。国、地方公共団体、事業主、使用者の責務を明記し、政府には必要な財政上の措置を求めた。また文科相や厚労相は基本方針を策定しなければならないとし、都道府県と市町村は推進計画を策定することができるとした。

議員立法の法案は2018年に提出することをめざし、各党に持ち帰った。だが当時、自民党内での法案審査がなかなか進まなかったという。議連には、「(ワークルールは)すでに指導要領に書いてあり、最近1ページだったものが2ページに増えた」との慎重論が根強いと伝えられたという。

尾辻参院議員が、参院議長になったことをきっかけに、議連の会長席があき、議連としての活動はしばらく展開できなかった。2024年春に、加藤勝信衆院議員が会長に選出され、議連活動は再開したが、法案の提出は見通せない状態が続いている。

不要な損害をこうむらないように

いまは小学生のうちから、キャリア教育という名の下に、職業選択について考える機会がある。インターンもふくめ、地域の企業や働く場所に通って、体験することもあり、最近では、起業体験などもある。キャリア教育をめぐっては、政府が全国規模でおこなうキャリア教育推進連携シンポジウムも、表彰もある。

中学校でも、高校でも、大学でも、就職は学校の実績として示せるから、キャリア教育はなじみやすい面があるのかもしれない。教育関係者からは、「キャリア教育は学校全体、ひいては地域とも連携する取り組みとして位置づけられがちだが、ワークルールは社会科の授業のなかで教えるもの、とみられがちだ」とも聞いた。

就職した後も学生個々人の人生は続く。政府も転職を視野に入れたリスキリングを推奨しているように、今は1社に就職すればそこで安定する時代ではない。学校教育でも、就職までを一区切りと考えず、一人ひとりが自ら切り開けるように、不必要な損害をこうむらないように、働き手としての権利を教えることまでが必要ではないだろうか。実際、高校でバイトを始めてトラブルに巻きこまれる人もいるし、中学を卒業したり高校で中退したりして働きだす人もいる。身を守ることにつながるワークルールは、まず一度は義務教育で教えられないだろうか。

キャリア教育の一環で、本来は対の関係にあるワークルールも教えられないだろうか。教育カリキュラムは学校にゆだねられる面はあるかもしれない。ただ、数日間、地域の事業者などにインターンにいくなら、1時間はワークルールの講義をおこなうことはできるのではないだろうか。たとえば、経済団体と労働組合が授業を共同開発して、地域の経済団体と労働組合の人たちがロールプレイングなどをしながら展開する仕組みがつくれれば、学校現場の負担感も減らせるかもしれない。少なくとも、政府が主催するキャリア教育アワードやキャリア教育推進連携表彰の審査項目の一つに、ワークルールをかかげることからでも始められれば後押しになりそうだ。

《注釈》

厚生労働省では、学生や若い人も含めて、少しでも労働法を知ってもらう機会をつくろうと、アカウントをつくって労働法を学べるｅラーニングのサイト「今日から使える労働法」(https://laborlaw.mhlw.go.jp) や、クイズ形式で労働法を学べるスマホアプリ「労働条件（ＲＪ）パトロール」なども展開。学校現場に留まらずに理解を広げようと、ポータルサイト「確かめよう労働条件」(https://www.check-roudou.mhlw.go.jp) を作っている。

第8章　外国人の相談窓口

——NPOと地方連合の連携

少子高齢化が進むなか、日本政府は外国人の働き手の受け入れを加速させている。すでに日本で働く外国人は過去最多で増え続けている。厚生労働省によると、日本で働く外国人は2023年10月末時点で初めて200万人を超えて、204万8675人。2019年に新設した在留資格「特定技能」では24年3月、受け入れの上限数を23年度までの5年間で34・5万人から、24年度からの5年間で82万人に拡大する方針を閣議決定した。

受け入れの国の数も多岐にわたり、それぞれが話す言語もより多様になっている。労働などをめぐる相談は今後増える見込みだが、体制は不十分だと指摘されている。ただ現場では、労働組合が一定の存在感を発揮しているケースもある。

「今月、赤ちゃんが生まれたんですよ」

連合大阪と外国人支援NGO「すべての外国人労働者とその家族の人権を守る関西ネットワ

ーク（RINK）」が毎年3月におこなっている相談会では、10言語でSNSや電話、対面で相談を受け付けている。

2022年に寄せられたのが、山形県の建設現場で技能実習生として働くベトナム人の20代男性のケースだった。作業中の事故で腰を痛めてしまい、仕事ができなくなってしまった。焦った男性は「怖かったから逃げた」のだという。

RINKから連絡を受けた連合大阪ハートフルユニオン書記長の酒井恭輔さん（50）は、失踪してしまったという男性に、テレビ電話を使って、どういう事故かを実演してもらいながら、状況を聞き取って報告書を作成。当時はどこの病院にかかったかもわからなくなっていたが、なんとか割り出して病院に事情を説明して書類を集め、会社で働いていた証明書とともに労働基準監督署に書類を送付した。後日、男性は、労災が認められた。

酒井さんは、ふだんは別の市民団体の仕事をしているが、連合大阪傘下の組合で書記長もおこなっていることで、こうした労働問題の解決を進められている。

「今月、赤ちゃんが生まれたんですよ」

2024年11月の取材時、酒井さんは、支援しているベトナム人女性から送られてきた写真を見せてくれた。月1回、ベトナムに戻って出産することにした女性から、医師から出される診断書とともに状況報告がベトナム語で送られてくるのだ。翻訳サイトに照らし合わせながら内容を読み解く。わからなかったら、RINKのベトナム語通訳に相談する。

女性は2023年春、技能実習の資格をもって来日し、大阪府のスーパーの食品加工で働いていた。24年になって、ベトナム人男性との子どもを妊娠した。

女性は24年3月、NGOのRINKに、妊娠を相談した。そのとき、RINKの担当者から、勤務先の健康保険を通じて、「出産育児一時金が受け取れる。その出産育児一時金を受け取れないケースもあるから、ちゃんと受け取るように」とアドバイスされた。

だが、女性は6月、会社との相談のなかで、退職する、と文書にサインしてしまった。

会社の経営者には「いったん辞めて、安心して生んで。子育てがひと段落して働きたくなったら戻ってくればいい」と言われた。出産育児一時金の話をしてみたが、「みんなに負担になるから。帰国費用もだすよ」。辞めた方がいいのかな、と感じてしまって、思わずサインしてしまったのだ。

再びRINKに相談の連絡をした。「サインをしてしまった。出産育児一時金は受け取れない」

RINKは、すぐに連携する連合大阪ハートフルユニオンに相談。酒井さんが、退職の撤回の申し入れをし、交渉を重ね、女性には退職の意思がなかったと説明した。酒井さんは今回のケースは、選択肢を示しただけで、ルール違反とは言い切れないと思った。でも出産育児一時金の説明を一切せずに、進めるやり方は、公正ではないとも考えている。女性は無事、退職を撤回でき、出産したら職場に復帰予定だ。

「労働組合という法的な立場があるからこそ、いったんやめてしまったものを復活させるような交渉をできる」

早くから外国人の働き手への支援に乗り出した連合大阪で、酒井さんはこうした外国人の労働相談を中心に取り組んでいる。

酒井さん自身は大学でインドネシア語を学び、旅行会社で勤務。大学時代に阪神淡路大震災を経験し、社会貢献活動に関心を抱いていた経緯もあって、厚労省の委託事業をきっかけに、連合大阪にかかわるようになり、労働問題にかかわる市民団体で働くようになった。その流れから、連合大阪傘下のユニオンにも籍をおいて外国人の支援をしている。もう20年近く。この間は、縫製業で働く技能実習生らの未払い賃金など数々のケースに取り組んできた。

最近、日本に長く住む日系人から、年金をめぐる相談も受けた。ずっと社会保障のない非正規雇用で働いてきたが、いまになって老後の資金がなく、困っているという相談だった。

「受け入れる外国人も多様になり、受け入れている時期も異なる。労災、妊娠から年金と、それぞれが抱える課題も異なっているんですよね」

日系人、技能実習生、日本の外国人政策の変遷

日本で働く外国人をめぐる主な政策では、1990年の日系人の受け入れ、つぎにリーマン・ショック後の2010年前後から急増した技能実習生がある。日本に合法的に滞在するための在留資格はそれぞれ異なり、働ける時間や期間、得られる支援などがそれぞれ異なる。

たとえば南米から多く来日した日系人は、定住者という在留資格をもち、子どもや家族を同伴できた。製造業が多い東海地方などの工場で働くケースが多く、こうした地域で学校などとの連絡や暮らしのトラブルがあれば、派遣会社の通訳らがポルトガル語やスペイン語といった母語で相談できる体制をつくって対応してきた。自治体も一人や二人ではないので、市役所の窓口や教育委員会も、母語での対応もできるようにすることが多かった。こうした外国人が多く集まって住む地域は集住地域と呼ばれている。

来日当初は受け入れる日本社会側も、日系人側も短期での滞在を考えていた。このため、工場で、社会保障がないが、手取りが多い非正規の働き手として働いていることが多かった。ただ、在留資格上は、長期滞在が可能で、かつ犯罪歴などなく暮らし、働けていれば、より安定する永住者などの在留資格にも変更可能なので、日本でそのまま暮らすことを選ぶ家庭も多く、今はそのなかで課題が浮かび上がっている。

定住者の在留資格であれば、困ったときは生活保護も使うことができたが、リーマン・ショックのときなどはすぐに解雇されるなど、雇用の調整弁となる労働問題を抱えることも多かった。同伴した子どもたちは母国に帰ることを見すえてブラジル人学校などにも通っても、日本に残る場合もあった。現在では1990～2000年代に来日した子どもたちが20～40代と働く世代となっているが、親と同様に工場で非正規の働き手として働くことも多く、貧困に陥りやすい状況を再生産している側面がある。

さらに1990年代に働き手として来日した世代の多くは50～70代となり、その多くは社会保障がないまま老後を迎えつつあり、老後の資金や母語での介護といった問題もでてきている。

一方、技能実習生の場合は、2024年現在、20～30代が多い。技能実習といった在留資格上、家族同伴ができないが、妊娠するなどした場合が想定されていなかったため、妊娠を言い出せなかった女性による赤ちゃんの遺棄事件が相次ぐなどの問題が生じていた。また賃金が安かったり、就労環境に問題があったりしても、原則的には転職ができない仕組みのため、許可を得ることなく緊急避難的に職場を離脱してしまう「失踪者」が増え続けていた。定住者にくらべて在留資格自体が不安定で、生活保護は受けられない。

とりまく環境も日系人とは異なり、支援をめぐる体制づくりは困難さが目立った。技能実習生が働く現場は、経営体力の弱い、地方の中小や零細企業が多く、職場が通訳を確保できるわけではない。しかも受け入れる側の企業がこうした外国人の受け入れのノウハウや経験が十分にあるケースばかりではない。住む地方自治体も一定の規模の人数がいなければ、地域に住む外国人のためだけに通訳ができる人を確保することは困難だろう。こうした外国人が少人数で住んでいる地域は、散在地域と呼ばれ、支援体制を確立できるか、模索が続いている。

さらに技能実習生は日系人に比べて、出身国、言語や宗教もさまざまな場合が多い上、家族同伴がないので、学校など子どもを通じての地域コミュニティーとの接点も生まれづらい。昨今では、ITによる環境の変化もある。10年以上前に技能実習生として来日し、日本人と結婚して、いまも日本に暮らす男性は、「いまの若い世代はスマートフォンがあるので、コミュニティーの形成が私たちの世代とも違う」とも話した。

ただ共通するのは、日系人は派遣会社、実習生は監理団体が受け入れを担い、国が直接かかわらず、事実上、民間任せでやってきたという点だ。

特定技能という在留資格で生じうる新たな課題

2019年から、日本政府が新たに旗を振っている特定技能は、技能検定試験と日本語試験を受けることで得られる在留資格で、技能実習を延長できるかたちが模索され、設計された制度だ。政府は日系人にせよ、本来は日本が技能を教えるという名目の技能実習にせよ、短期、かつ働き手と明示しない受け入れの仕方をし、「移民」政策と呼ばれないようなかたちの政策をとってきた。

ただ少子高齢化で韓国や台湾など各国とも外国人の働き手の受け入れの争奪戦が始まり、国際的にも日本の技能実習への課題や対応に対する批判が高まるなかで、特定技能は、働くことを明示的にし、長期になりうることを最初から含めた意味で、より踏み込んだかたちとなっている。法務省によると、24年6月末時点で、技能実習から特定技能に移行する人の割合は、6割を超える。

特定技能の場合は、より高い日本語能力と技能が必要で、職場を変えることも含めて、より自由に働けるようになるため、合わない職場や低賃金だったら技能実習において生じていた「失踪」という問題にはならず転職できる。1号と2号があり、1号は5年間働くことができ、そして熟練した技術があると認められた2号になれば、家族滞在も可能になり、在留期限や仕事内容など活動に制限がない、最も安定した在留資格である永住者の在留資格を取ることも視野に入る。

だが、特定技能をめぐっては、働き手自身のいわば自立が前提となっており、受け入れの担い手や支援体制が十分ではないとも指摘されている。かつての派遣会社、監理団体、日本語学校に代わるものとして、特定技能1号には、登録支援機関がある。受け入れ企業から委託をうければ、登録支援機関が、特定技能1号の外国人が入国から出国まで、支援計画の作成と実施をおこなう。

義務的支援として掲げられているのは次の10項目だ。

①事前ガイダンス、②出入国時の空港や住居間の送迎など、③住居確保や生活に必要な銀行口座、携帯電話、ライフラインの契約の手続きの補助、④公共機関の利用方法や災害対応などの説明、日本のルールといったことを伝える生活オリエンテーション、⑤住居地や社会保障、税の手続きの同行や書類作成の手伝い、⑥日本語学習の教材の情報提供や教室の入学案内の情報を伝える、⑦職場や生活の相談や苦情への対応、⑧自治会など地域との交流の場の案内や参加の補助、⑨受け入れ側の都合での雇用契約時の転職をめぐる支援や必要な行政手続きの情報提供、⑩3カ月に一回以上という定期的な面談をおこなって、労働基準法違反などがあれば行政機関に通報する。

登録支援機関は、個人や団体が要件を満たせば登録できる。外国人労働者の問題に詳しい中村優介弁護士は「登録支援機関は相談に対応するだけで、有効な仕組みとは言えないのではないか」と指摘する。

出入国在留管理庁が23年度、特定技能286人から回答を得た調査では、就労先や登録支援機関に困りごとを相談しても、「解決しない」と答えた割合は27・6%にのぼった。特定技能については、遅くとも2027年までには、外国人技能実習機構を改組して、新たに相談できる場に含めるとしている。しかも特定技能2号になればこうした登録支援機関といった仕組みすらなくなる。

現状で、いざ、特定技能の在留資格をもつ人が、労働や生活をめぐる問題の解決をしようと、勤め先などとしかるべき相談や交渉をするときに、日本社会にある支援とつながる導線が十分にひかれているわけではない。受け入れの体制としては、これまで課題があったとはいえ、実は今まで以上に脆弱ともいえる。

もちろん、ひとたびトラブルが生じたとき、公的な相談窓口はある。

法務省では、東京・四谷に外国人在留支援センター（FRESC）などがあり、電話対応もある。

FRESCでは2020年12月から24年9月末まで、来所、電話、メールでの相談件数は41万4599件。このうち、職業や労働をめぐる相談は計2割程度をしめた。

厚労省は22年度、全国のハローワークで、外国人からの相談の体制を強化しようと、地方公共団体やNPO法人等との連携を担う相談員を6人から11人に拡充した。ただ主に、外国人が多く住む集住地域におかれるかたちで、課題となっている散在地域での対応が進んだとはいいがたい。また24年度からは仕事としては存続するものの、ほかの区分と統合するかたちにもなった。

法務省でも22年度、地域のネットワークをつかって情報を届けるアウトリーチ支援事業を始めた。ただ事業の主体は全国で1団体。24年度からは同じ2200万円の予算で東日本と西日本で請け負うかたちとなる。

公的な機関ではなくても、市民団体などさまざまな場所で相談窓口はあり、定期的に電話相談会を開いているところもある。その多くも多言語だ。

とはいえ、こうした相談窓口まで連絡できる人は限られるだろう。しかも窓口自体が分散化しており、相互に連携しているわけでもなく、全体としていまどんな相談が増えているのかといった傾向をみることもできないのが現状だ。

昨今、特にこうした相談を受ける体制の問題が顕在化したのがコロナ禍だ。外国人はいち早く解雇されたり、シフトを減らされたりしやすいにもかかわらず、政府には正確な状況を把握できるデータすら、ほぼなかった。

このため厚生労働省は2021年3月につくった「外国人雇用対策の在り方に関する検討会」で、外国人の働き手のおかれた状況を整理した。仕事を求める外国人の数を示す外国人有効求職者数は20年1月から前年同月比で1~2割高く推移した。伸び率では同じ時期の日本人を上回り、外国人の方が日本人より厳しい雇用環境におかれる傾向が浮かび上がった。

だが、ハローワークを訪れる外国人は、日系人ら定住者や日本人の配偶者などがほとんど。同検討会では最近、増えている技能実習生、留学生や特定活動、特定技能の外国人らは、ハローワークそのものを知らないのだろうとみて、中間報告では、日本社会側でも、外国人の相談を把握できるチャンネルが少なく、連携できていないことが課題として指摘された。

労働組合が持つ知見やノウハウ

私自身が外国人問題を地域で取材しているとき、支援は、一部の熱心な支援者・支援団体や学校の教員、外国人社会で生まれたリーダーら個々人の善意で成り立ち、これまでは日本語教育、子どもや生活の相談を軸としたものが多かった。特定技能が広がり、派遣会社、監理団体、日本語学校などがこれまでのように介在しないことが増えることが見込まれる今後は、当事者や地域の支援者による企業との交渉が必要になるような労働相談の増える可能性が高い。

生活相談と切り分けながら、一回の行政の窓口対応で終わらない、伴走型の支援がより重要になる。同時に、専門的な知識が必要な社会保障などの相談も増えることが見込まれ、外国人の当事者にとっても、支援者にとっても、労働組合の人たちが持つ知見やノウハウ、そして労働組合の仕組みがいかされることも多いだろう。

滞在期間の長短にかかわらず、来日してくれた外国人たちが少しでもスムーズに暮らしていくためには何が必要か。そういう観点から取材していると、すでに外国人コミュニティー内や、外国人コミュニティー間の犯罪なども生じるようになっていて、日本人がなかなか把握できていないケースもあるといったことも耳にする。

外国人の受け入れの拡大を掲げた以上、所在や勤務のありよう、暮らしをめぐり、コロナ禍のような「把握できない」「対応が十分できない」といった問題を少しでも生じさせない責任ある体制をつくれるようになっていくだろうか。

「連合が出てきた」

そういう状況に鑑みれば、連合大阪のように、既存のNPOなど地域の外国人支援のネットワークと地方連合が接点をもつことは有用ではないか。地方連合と外国人の支援にあたるNPO法人との連携は、大阪だけではなく、連合東京でもある。

ベトナム人の技能実習生や留学生らを支援するNPO法人日越ともいき支援会（東京都港区）もその一つだ。2013年に同会を設立し、支援活動をスタートし、2020年にNPO法人として認可された。

同会代表理事の吉水慈豊さんによると、住職だった父の代から50年以上、ベトナムと交流があった。だが次第に、日本で技能実習生や留学生として働くベトナム人が増え、若者たちの自殺や突然死、病気や事故、妊娠にかかわる相談の対応をするようになっていった。

とくにこうした問題が顕在化したのはコロナ禍以降のことだった。当時はベトナムに戻れなくなる中で、ＮＰＯが本拠地とした寺で、温かい食事と安心して眠れる場所を準備し、長期滞在で受け入れるようになった。昼間は日本語教師を招いて教えてもらいながら、在留資格の変更手続きや、復職の交渉や、転職が必要な場合には仕事探しの面倒までみた。こうしたかたちで、多い時には一度に数十人、２年間で食糧支援は８５００人以上、一時保護はのべ１万５千人、ＳＮＳ相談は1万2千人以上引き受けた。

活動のなかでは、全国のさまざまな企業と交渉する必要がある場面が多い。活動が評価され、政府の審議会に参考人として呼ばれるようなＮＰＯであっても、吉水代表は『ＮＰＯです』といっても、企業は交渉に応じてくれない場合が多い。でも法的な労働組合という立場をもつと、交渉のテーブルにつける」と話す。

だから２０２２年末、人の縁があった連合東京傘下の連合ユニオン東京と、ともいきユニオンをつくり、妊娠した技能実習生らが抱える問題の解決などに先駆的に対応してきた。吉水さんは言う。

「連合傘下の、と名乗るだけで、課題解決にあたったり、対応が改まったりする企業が多い。相談を受けて連絡を取る必要がある企業が１００社あれば、80社くらいは『連合が出てきた』

という風に、名前を聞いただけで対応が変わる。実際に団体交渉まで進むのは20社程度だった」

こうした団体交渉には、最初は連合ユニオン東京の大辻成季執行委員が同席し、必要なアドバイスをした。

ただ、課題を感じたこともあった。吉水さんからみれば、支援のペースが違うのだ。外国人の働き手の抱える課題は、在留資格もからみ、すぐに解決する必要があるものが多く、連絡もSNS経由で、24時間対応している。

連合ユニオン東京の大辻さんも長年、連合内で外国人問題に取り組もうとしてきた一人で、その違いは感じた。

「たとえば地方企業で働いているベトナム人の支援に入らないといけない、というときは、明日朝一で向かうことになることもある。これを数多くこなしてきた吉水さんはすごいと思うし、本来であれば現地の地方連合まで巻き込めればいいのだが、急に連絡しても対応しきれないだろうと思うと、連合東京の私が同席するのが精いっぱいだった」

ただ、連携のかたちも、地域に応じてつくっていくことはできるだろう。すでに連合大阪は、NPOから労働問題になった部分は依頼を受けて、労働組合として相談を受け、連合東京は、NPOの施設内に拠点を構え、連携するユニオンを労働法の知識と団体交渉の経験で支えているかたちがある。

連合は、全国47都道府県にまたがるので、うまく連携ができれば、相談の傾向をみるような集計も可能ではないか。また今後は、相談した外国人の働き手が全国区で移動していくケースも考えられるが、連合は県庁所在地だけではなく、各地域にもある組織なので、支援団体側がこうした都道府県や市町村にまたがる連携をつくりやすく、とくに心配なケースについてはフォロー体制もつくった支援活動につなげられるのではないか。

連合は、外国人の問題への取り組みが遅れた、ということも指摘されがちだ。実際には、地方連合ではこうした連携が進んでいるほか、現場では外国人が主体のユニオンが連合傘下に加入しているケースや、外国人が労組の専従職員になっているケースもある。

なお外国人労働者の問題は、NPO法人移住者と連帯する全国ネットワークや、各地のコミュニティ・ユニオンなどが複数対応しているが、今回は地方連合を位置づけられないか、という文脈から連合傘下にしぼって紹介する。

ものづくり産業別組合のJAM傘下には、在日ビルマ市民労働組合（FWUBC）がある。ミャンマー人のミンスイさんが来日し、在日ミャンマー人らの労働相談などを受けるようになって、2002年から始まった労組だ。当初は働きながらボランティアで活動をしてきたが、その間支援を受けてきたＪＡＭに２０２０年に加盟し、ミンスイさんはＪＡＭの専従職員として働くことで、労働組合の活動を仕事にできるようになった。

寄せられる相談も、２０００年代は不法滞在の問題が多かったが、２０１３年ごろから技能実習生の問題が急増し、解決にあたっている。生活支援も含めて、月に80件ほど、メッセンジャーなどのアプリを通じて新しい連絡がきている。

ミンスイさんは24年11月半ば、「今朝も、外資系の会社で特定技能の在留資格で働く20代のミャンマー人女性４人がやってきた。その会社と同じ国の外資系の登録支援機関があるが、働き手はその登録支援機関とつながれず、相談できないようだった。残業時間などの証拠をおさえるといった基礎知識を伝える支援から始めている」と話した。

ＪＡＭでは、ミャンマー人だけではなく、ブータン人の支援にも手を広げている。

さまざまなコミュニティーユニオンが傘下にある全国ユニオンには、多岐にわたる国籍や在留資格の外国人から相談が寄せられる。ユニオンみえでは、地域的に製造業で働く日系人が加盟することが多い。ほかには、東京ユニオンや東京管理職ユニオンなどではＩＴなどの外資系企業の外国人の組合員やインド人学校の教員の組合をつくって団交をすすめたり、保育の仕事をしていたネパール人の妊婦の相談に対応したり、と多岐にわたって対応している。２０２５

年からは、岐阜県にシェルターをつくって、中国人ら技能実習生の支援にあたってきた甄凱《ケンカイ》さんが活動を展開する岐阜一般労働組合も加わる予定だ。

UAゼンセンでは2020年からベトナム人、ミャンマー人、中国人に職員として働いてもらい、外国人の労働問題に対応するべく、動き出している。組織局で働くベトナム人のブティ・トウイさん(29)は、19歳で留学生として来日。日本のホテルで働く予定だったが、コロナ禍で仕事を失い、UAゼンセンで働き始めた。いまは、ベトナム人たちの労働相談や、組合の役員らに向けて研修セミナーを開いている。

「労働組合は、日本とベトナムでは仕組みが異なる。春闘のように一斉に賃上げ交渉をおこなう仕組みもなく、みんななぜ賃金があがるのかもわからない。日本で働くベトナム人に日本の労働の慣行を伝えながら、同時に日本の企業側にもそのギャップを伝えて、相互の無理解による問題を未然に防ぐような手立てにも取り組んでいます」

労使のグローバル化にどう向き合うか

多民族・多国籍の組合をうたい、500人強が加盟する全国一般東京ゼネラルユニオン(東ゼン労組)も、連合東京傘下にある。上智大学や神田外語大学、東京日仏学院やベルリッツ、

ALT（外国語指導助手）、フィリピン・ナショナル・バンクやジャパン・タイムズなどでの働き手たちがそれぞれ支部という形をつくり、参加している。一定の仲間が集まらなかった職場向けには、個人加盟の支部もあり、現在28支部を数える。

執行委員長は、奥貫妃文昭和女子大教授（労働法、社会保障法）。3人の専従スタッフとともに活動を広げている。

東ゼン労組は2010年に結成され、16年から連合東京に加盟した。奥貫教授は「組合活動をしたら企業に在留資格の手続の際に協力してもらえなくなるのではと不安を抱える組合員も多い。ナショナルセンターに加盟することで少しでも不安を払しょくし安心感を得たいというのも、連合東京に加盟を決めた理由の一つである。また企業との交渉においても、連合東京に加盟する前は明らかに軽視されることがあったが、連合東京に加盟していると聞いて態度が変わる会社もあった」と話す。

これまでのべ40カ国の組合員がいて、共通の言語は英語が最多だが、フランス語の支部も2つある。ときには労働者間の共通言語がないことも、外資系では労使交渉が外国語のこともある。また外資系によっては日本の労働法制ではなく、自国の労働法制に基づいて契約を進めているところもあった。東ゼン労組のウェブサイトには英文で日本の労働法制を掲げ、これを説明しながら、ときにストライキもおこないつつ労使交渉にのぞんでいる。

最近では、外資系企業で、職種による解雇があったさいに、外国人の雇用は守られたのに、日本人が守られないケースがあった。

「一緒に声をあげよう」と呼び掛けて、解雇されなかった外国人もふくめて声をあげた結果、裁判にまでなったが、より有利な解決に導けた。

「国籍や立場を超えて職場のみんなでやっていくということを大事にしています」

外国人が増えていくということは、外国人の働き手をどう守るか、という文脈の問題だけではなくなるかもしれない。その意味で、東ゼン労組のように、労使のグローバル化にどう向き合うかという視点からもとらえなおしていくことは示唆に富む。日本の産業別組合の関係組織の日本金属産業労働組合協議会（ＪＣＭ）職員として働いた後、世界の製造業・エネルギー産業の労組が加盟する国際組織インダストリオール・グローバルユニオン（本部・スイス）の松崎寛書記次長は「日本でも欧米型経営のみならず、新興国系企業の経営者が増えており、今後日本的な労使コミュニケーションが通用しなくなる」と、警鐘をならしている。

いずれにせよ連合には、規模はそれぞれだが、すでに内部に、外国人問題に対するノウハウや蓄積がある労組や産業別組合がある。地方連合もそれぞれに、地域の外国人支援のＮＰＯと連携を始めているところもある。

日本の外国人の働き手の受け入れをめぐる課題では、地方に網を張り巡らすような支援の体制をつくることが喫緊の課題だ。団体交渉などが必要な場合のかかわりだけではなく、困窮したり、転職したりする一歩前に、企業の視点ではなく、働き手の視点から労働問題の相談相手となる存在としても、労働組合がある。地方連合が、地域で顔が見える形でより頼りにされ、社会的な役割を担うことはできないだろうか。

第9章　働く人の視点を政治に生かすためには

賃上げやリスキリング、ワークルールや外国人政策。第5〜8章で見てきたように、こうした政策に向けて、働く人の立場を代表する労働組合の存在感が高まらないのはなぜなのか。第5章で見たように、2001年の省庁再編によって労働組合行政がかつてより、脆弱になっていることは要因の一つにはなっているだろう。

ただそれだけにはとどまらない。2000年代に進んだ規制改革で、労組は既得権益側として位置づけられるなど批判を受け、09年、12年には政権交代があり、政治でも、翻弄された面もあった。さらに、連合が政治に声を届けようと、国会に送り出している組織内議員がいるが、こうした議員たちは2017年の希望の党騒動で、いまは立憲民主党と国民民主党という二つの政党に分かれている。

もちろん労働組合自身の主体性の問題もある。だが、労働組合がおかれた外部環境も、日本が経済で切磋琢磨している国々に比べて恵まれた環境は言いがたく、政策づくりを担う永田町・霞が関での位置づけが弱まりやすい状況が続いている。

2024年6月中旬の夕刻、永田町の議員会館裏手にある星陵会館。天井が高く、窓の光が柔らかく差し込む大きな会議室に、旧民主党政権で中枢を担った輿石東《こしいしあずま》氏、大畠章宏・元経済産業相らが集まっていた。

輿石氏は日教組、大畠氏は電機連合と労働組合出身で、組織内議員として選ばれ、国会に送り出されていたのだ。

民主党の後継の民進党が、2017年の希望の党騒動で、立憲民主党と国民民主党に割れる中、組織内議員OBの立場から、働き手の政策実現という元々の目標に向けて、「連合組織内前議員有志の会」（代表世話人・大畠氏）が開かれるようになった。

2023年に始まり、この日は、報道陣にも公開される第三回目の勉強会。東京都知事選の告示日前日で忙しい時期だったが、現職の議員も数名、入れ替わり立ち代わり、顔をだした。連合や産別の役職員らも含めて、計40人が参加した。

壇上に立った慶応大学の井手英策教授は、海外の潮流について紹介した。

「アメリカのバイデン大統領はすべての3〜4歳児の幼稚園を無料にする『ユニバーサル・プリスクール・フォーオール』、すべてのアメリカ人のために短大にあたるコミュニティーカレッジを無料にする『フリーコミュニティーカレッジ・フォー・オール』と言い始めました。お辞めになった英国のボリス・ジョンソンさんも、どこに住んでいても、年齢、収入状態にかかわらず介護の自己負担費に上限をつける、と言っていました。考え方としては同じじゃないですか。そして、どちらもコロナの真っ最中だったのに、必要な財源はすべて増税だとはっきりおっしゃっていました」

そして、かつては競争を重視し、小さい政府を標榜した新自由主義的な思想が強くでた英米でも、政府が生活の保障を打ち出す考えが広がる背景について、思想の転換があるのだと強調した。

「ホワイトハウスがこう言いました。『過去数十年とはもう違います。バイデン政権ではアメリカの家庭の生活を楽にするために、性別、人種、都市部、郊外、農村部などの居住地を問わず、すべての人々を巻き込むことに重点を置かなければならないことを知っています』。もう『困っている人を助けましょう』なんて言わない。すべての人々を巻き込むんだとはっきり言っているんです。ブルームバーグがこれを受けて報道しました。40年前の（共和党の）レーガン政権は減税と小さな政府を柱としていた。しかし（民主党の）バイデン政権の経済政策は、大きな政府に方向転換したと」

働き手の声を政治に届ける

多くの民主主義の国では、経済政策をめぐって資本家と働き手の均衡が目指されるかたちの政治勢力の構図がつくられている。昨今では少し変化も見られるが、それでも大枠で米国では、企業や経営者（資本）の声を政治に届ける共和党、働き手の立場からの声を政治に届ける民主党の構図で、選挙がたたかわれる。こうすることで、働き手の立場の声を聞く政党がときに政権をもち、より強い立場の資本家の声におもねらずに制度や政策を変えられる仕組みになっている。

米国に限らず、欧州でも政権交代がしばしばおこり、政権をとった中道左派が労組の強い支持を受けている面がある。政権にないときも、政治で一定の勢力が保てている。

日本でいえば、政党に働き手の声をまとめて届けるのが労働組合、ナショナルセンターである連合だ。その政党はかつては社会党や民社党、民主党、民進党、今では立憲民主党や国民民主党だ。一方、企業・資本家の立場の声を取りまとめる経団連など経済団体が、自民党に声を届けてきた。

自民党が政権を担う期間が長期に続いてきた日本では、働き手の声を政治で届けられる政党自身が分裂したり、党名などを変えており、これまでは何度も政権交代したり、緊張感を持たせられたりするかたちを十分に作り出せてこなかった側面があった。

かつては、労働組合のナショナルセンターが社会党を支持する総評、民社党を支持する同盟、特定の支持政党をもたなかったが、社会党と連携することが多かった中立労連、社会党支持の新産別と四つに分かれていたことも理由だといわれていた。このため、連合は1989年、政治力を増すことを念頭に、4団体が集まってつくられた。それぞれの労働運動は経緯も展開の仕方も異なり、離合集散を繰り返してきたが、冷戦が終焉を迎え、資本主義か、共産主義かといったイデオロギーの対立構造も変わるなか、「数は力なり」の論理でまとまった。

合流を率いた一人が、連合初代会長となった山岸章氏（情報労連）だ。井手教授の講演に先立って挨拶に立った元・電機連合の組織内議員の大畠章宏代表世話人は、山岸氏の言葉をひいてこう振り返った。

「私の頭に残っているのは、山岸連合会長の三つのフレーズです。『政権交代なくして政治改革なし』『団結は力なり』『働く者が応援する政党が政権を担うという時代を迎えたい』。私も当時まだ若かったんですが、その通りだなと思ってすごくがんばってきましたが、いつの間にか77歳になってしまいました」

「一定の合意」を形成するために

政権交代を旗印に集まった連合にとって、発足直後の1990年代は、産業別組合によって支持政党がわかれ、かつその政党も与野党に分かれるなどした時期でもあった。ただ1998

年の民主党結成で、連合として応援できる政党が一つになってからが転換期だった。ある連合OBは「春闘で高めた機運を、選挙で高めていくといった、この二つを中心に、組合員の結束力を高めてきた」と振り返る。

民主党にとっても、強かった都市部だけではなく、連合が機動的に動ければ、保守層が強い地方で、工場などで働く人の票の掘り起こしもできた。社会運動の機運も高まり、その連携の中で2009年、政権交代を果たした。ただ12年には再び下野した。

政治は、アキレス腱だった。異なりを乗り越え、まとまる源泉にもなった。一方で、ときに政策についての考え方の違いが顕著にあらわになり、軋轢《あつれき》も生んだ。

2017年、希望の党騒動で再び、産業別組合によって立憲民主党と国民民主党とに支持がわかれ、連合の政治活動そのものが分断される状況が続く。比例票などを意識すれば、各党の存在感を示すため、国会でも、選挙でも、差異が強調されやすくなる。結果的に、遠心力がはたらきやすい状況も生まれてしまっているのだ。

一方、両党とも労働組合などの票だけでは長期政権の自民党に太刀打ちできず、いわゆる「無党派」と呼ばれる支持政党がない層に向けたメッセージも重視する。その結果、連合がベーシック・サービスにつながる政策の財源として消費増税を掲げているのにもかかわらず、両党は一時期、選挙対策として消費税減税を掲げた。

ある旧民進党の議員は「政治が日本の労働運動の分断を招いてしまっている」ともつぶやく。ただ両党に所属する連合の組織内議員による動きも生まれている。労働組合経験がある議員だけで集まろうという機運が高まり、2022年2月、「連合出身議員政治懇談会」が設立された。

連合政治懇は、立憲の難波奨二前参院議員（JP労組）や、国民の小林正夫前参院議員（電力総連）ら6人が発起人。設立趣意書には、「連合のめざす『働くことを軸とする安心社会』を実現することを目指す」と記した。24年12月までの間に、11回、社会保障制度や奨学金制度などをめぐって、有識者や連合の担当者を招いた勉強会を重ねてきた。

連合政治懇の事務局長をつとめる浅野哲衆院議員（電機連合）は「まず顔を合わせる場がなければ何も始められない。日進月歩だが、この2年は着実に前進している。政党の個性が求められる時代だからこそ、連合政治懇のような『根っこ』のつながりは大切だ。政局の風にも動じない強い根に育てたい」と話す。

連合政治懇としては衆院選を見据えて2024年8月、それぞれの党の党首に要望書を出した。

自民党の支持の低下が伝えられる中で、要望書では、「政権を担い得る政治勢力結集の核となる」ため、両党の代表と幹事長に、連合が期待する「一定の合意」を形成するための協議を始めること、そして政策の違いが強調されがちな中で、「互いの一致点を見出し、政策の実現に向けて協働する」ことを求めた。

「一定の合意」とは、連合が5月に出した「当面する国政選挙に臨む連合としてのスタンス」で示した、両党の政策で異なりが目立つ点において歩み寄ることを意味する。立憲、国民ともに所属議員がいて、「政策実現に向けて連携する両党」と位置付けている連合は、ともに政権をめざすにあたって両党が連携しやすくなるよう経済・財政・金融、外交・安全保障、エネルギー、憲法といった国の根幹の政策で、納得する合意をつくることを初めて求めた。ただこの要望書の提出後、立憲民主党では9月に代表選もあり、10月には衆院選もあるなど政局も動いており、進展はしていない。

連合政治懇には24年12月時点で、衆院議員や参院議員約30人が参加する。発起人にも名前を連ね、現在の立憲側の代表世話人の岡本章子衆院議員（情報労連）は、「労働問題の解決に向き合ってきた労働組合という同じベースを共有できていると、働く人の立場や声を受けた政策を前に進めるためのアクセルをより早く、強く踏める」と強調した。また「野党の差別化をすると遠心力がはたらくが、共通しているところを探して協力できれば、与野党伯仲になり、自民党政権であっても政策実現が近づきやすくなる」とも話した。

1980年代、分断され弱体化した

では、働き手の声はこの間、政治でどうすくい取られてきたのか。

まず、長期にわたって政権を担う自民党にとっては、労働組合は政治的には手ごわい相手だった。冷戦のなかにある1980年代、米国ではレーガン大統領、英国ではサッチャー首相が、公的分野の民営化を進めるなかで、反対する労働組合を既得権益側で、経済活性化の阻害要因といったのと同じように、日本も自民党が国鉄の民営化を推し進め、総評の中心的存在だった国鉄労働組合（国労）への圧力を強めた。その結果、JRは北海道、東日本、東海、西日本、四国、九州、貨物と分割され、政治的目的だったといわれる事実上の国労解体につながった。NTTやKDDI、日本郵政公社、地方自治体も、次々と民営化の旗のもと、労働組合が分断され、組織が弱体化していった。

日本の労働運動は勢いを失い、ストは労働者の権利を象徴するものの一つだが、半日以上のストはピークの1974年には5197件あったが、2022年は33件しかなかった。

一方で、政府として、連合の前身である民間連合、そして連合の声を聞く場はもうけた。連合によれば、ときの首相との懇談は、民間連合を結成した直後の1987年末から始まっている。テーマは、主には、予算編成にあたっての重点課題の要請やサミットに向けての申し入れだった。

こうした場は、政労会見と呼ばれ、連合会長、会長代行、副会長、事務局長といった労働界の首脳部が、首相、官房長官、労働担当相等という政府の三役と協議する枠組みだった。労働組合側が提起すれば開かれる形で、政府からの提起ではなかった。そして経営者側が入らない形で、「政府への団体交渉」（連合幹部OB）のような位置づけで、おおむね30分以上、労働政策などの考え方を伝えあいながら議論を重ねたという。

連合の記録によれば、1989年に連合が結成されてからは毎年3〜5回、予算やサミットの申し入れ、当面の重点政策課題についての要請、政策・制度要求と提言に関する要請などで、こうした場がつくられた。連合幹部OBによれば、当時の自民党の中には責任政党として、労働組合の声は聞く、という姿勢は根強くあったともいう。「政権交代が本当に起きると思わず、55年体制のままでずっといけると考えていたので、話を聞いてあげてもいい、庇護する存在だったのでは」と振り返る。

回数が減ったのは、99年以降。2001年に、構造改革を掲げた小泉純一郎首相になってから、年に2回になった。リーマン・ショック後の半年間、麻生太郎首相は3回の面会を受けたが、2000年代は、規制改革会議などで、労働組合批判が高まっていた時期だった。

独立行政法人労働政策研究・研修機構が2010年に出した海外の政労使に関する調査の報

告書の序章では、政府、経営者、そして労働組合の三者が労働立法過程で話し合う三者構成原則をめぐって政府内部でも議論があったことをこう記している。

「社会的に影響力のある文章として初めてこの問題を取り上げたのは、経済財政諮問会議の有識者議員であった八代尚宏国際基督教大学教授が、『週刊東洋経済』（2006年10月）で書いた『時代に逆行する雇用の規制強化』であった」と振り返った。

そこで指摘されていた一つは、労働組合が幅広い働き手を代表できていないのではないか、という点だ。八代教授の文章を引用し、「『すでに雇用されている者と新たな雇用機会を求める者との利害対立が強まる中で、労働者全体の2割に満たない労働組合が「労働者の代表」として、労働審議会等の場で雇用規制の維持・強化を主張している。労働市場の改革は、日本経済の活性化にとって大きな意味を持っており、労使間の利害調整に終始する労働審議会だけで審議する時代は、もはや終わったのではないだろうか』と三者構成審議会を手厳しく批判している」とした。

正社員のみの利益団体になっているのではないか、という指摘だ。

1990年代後半からは世界でも金融主導で、企業が株主配分を重視する流れが強まり、その結果、コスト削減で、非正規の雇用が増える動きが広がった。正社員の雇用が中心だった日本も、その例外ではなかった。バブル崩壊後の不況で、人件費を抑えるために非正規の雇用が増えていった。

当時の労働組合は、こうした変化に対応が遅れたといわれる。それまでは、多くの働き手が正社員だったこともあり、規約に、正社員と明記しているところもあったほどだった。工場の海外移転など、目の前の雇用も守れなくなっていた時期だった。

足元では、1990年代後半から新卒採用が絞られる「就職氷河期」といわれた時期を経て、就職ができなかったり、希望する仕事でなかったりする若者も増えていった。こうした時代のなかで、そもそも従来のような形で働くことへの忌避もうまれて、フリーターが増えていた。さらに政府は経済界の要請を受けて2004年に製造業での派遣も解禁し、非正規での働き方が急増し、今では働き手の4割を占める。

連合自身も、結成時の「連合の進路」で、パートタイムの働き手の処遇改善を明記していたほか、92年からは組合員化する方針を出していた。ただ動きが本格化したのは、2000年代になってからだ。

連合では2001年春闘で、パートタイムの働き手の要求を初めて打ち出した。03年には、連合の委託を受けて、有識者らが連合の進むべき方向性を議論した連合評価委員会がまとめた最終報告もこうした流れを、外から後押しした。この頃には、非正規で働く人が増え、課題化するなかで、企業別労働組合の中には、門戸を開く動きもでてきた。非正規の働き手には組合費を軽減するところもあった。

非正規の働き手の課題は、制度設計で想定されていたパートタイムだけではなく、家庭の生計を担う人たちも増え、1人から加盟できる派遣ユニオンなどといった労働組合や社会運動を通じて、当事者自身が声をあげ、社会問題化していった。連合も07年には、非正規労働センターをたちあげた。

前述の労働政策研究・研修機構の報告書によれば、八代教授のコラムから半年後、07年5月に内閣府の規制改革会議の労働タスクフォースが公表した「脱格差と活力をもたらす労働市場へ―労働法制の抜本的見直しを」と題する意見書が、政府の文書としてこの問題を初めて取り上げたものだといい、次のように書き連ねた。

「現在の労働政策審議会は、政策決定の要の審議会であるにもかかわらず意見分布の固定化という弊害を持っている。労使代表は、決定権限を持たずに、その背後にある組織のメッセンジャーであることもないわけではなく、その場合には、同審議会の機能は、団体交渉にも及ばない。しかも、主として正社員を中心に組織化された労働組合の意見が、必ずしも、フリーター、派遣労働者等非正規労働者の再チャレンジの観点に立っている訳ではない。特定の利害関係は特定の行動をもたらすことに照らすと、使用者側委員、労働側委員といった利害団体の代表が調整を行う現行の政策決定の在り方を改め、利害当事者から広く、意見を聞きつつも、フェアな政策決定機関にその政策決定を委ねるべきである」

労働環境の悪化に対して、本来、食い止める立場を期待された労働組合が、防波堤の役割を担えなかった。当時を知る人からは「まずは自分たちの立場を守ろうとしていた」との指摘もあり、労働組合の信頼に傷をつけてしまった面は否めない。

ただ、こうした労働政策などを推進した側の経済界や政府も労働組合を抵抗勢力として描き批判を繰り広げる一方で、それならば労働組合が幅広い働き手を代表するように強化したり、政策的に誘導したりするわけでもなかった。

民主党政権の時代は、鳩山由紀夫首相、菅直人首相、野田佳彦首相らも、雇用対策やサミットに向けた要請を受ける懇談の場はつくった。だがそれ以上に、政策を協議する枠組みとして、政労会見ではなく、政府・連合のトップ会談を10回にわたり開いた。こうしたトップ会談が年3〜4回開かれる一方で、実務レベルでは、官房長官と連合の事務局長が協議する場も開かれて、定期協議、省庁別会議など手厚く議論が展開された。ただこの枠組みは、別の連合ＯＢは「連合が政党ではなく、政権と直接話す枠組みを作ったという点が、禍根を残したのではないか」とも指摘する。

また支持した政党が与党となって、政権を担う経験をする中で、連合は２０１１年度の活動計画で、「政策と運動を『要求型』から『協議・実現型』に深化させる」と打ち出した。その後の社会運動とのつながり方を含め、連合自身の姿勢にも変化をもたらしたといわれる。

政労会見を開かず

連合が、とりまく環境について大きな変化を感じるようになったのは、2012年末に自民党が再び政権に戻った後だった。連合幹部OBは、自民党から「(政権交代のように)やるときはやる。脅威とみられるようになった」。同時に、自民党自身の支持基盤の変化もあるのだろうか。連合によればそこからは一度も、政府と労働界の三役が意見交換する政労会見が開かれていないという。

連合の芳野友子会長は、2024年10月の定例会見で、「やはりトップ同士がきちっと対応するということは非常に大きいというふうに考えていますので、その意味で連合の政策実現に向けて対話重視をしたいということがあります」と再開を求めた。

外交においては首脳同士のバイ会談かどうかが、距離の近さや物事をどれだけ突っ込んで話し合えるか、物事が進むかなどに影響を与えるといわれる。同じように、永田町や霞が関では、誰にどれぐらい会う時間が与えられ、どういった議論がおこなわれるかが重要だが、政労会見が開かれないということは、労働組合が政府のトップ陣とかつてのようには会えず、政策的な影響力が弱まりやすくなることを意味してきた。

その一方で、アベノミクスの一環で、賃上げの旗をふった安倍晋三首相は政労使で会う枠組みの会議は復活させた。政府と労働界の代表だけで会う政労会見とは別の枠組みで、経済界の代表もはいる会議だ。

安倍政権下で、2013年に閣議決定した「日本再興戦略」では、「経済の好循環実現に向けた政労使会議」を立ち上げた理由について触れられている。

「特に、20年の長きにわたる経済低迷で、企業もそこで働く人々も守りの姿勢やデフレの思考方法が身に付いてしまっている今日の状況を前向きな方向に転換していくためには、賃金交渉や労働条件交渉といった個別労使間で解決すべき問題とは別に、成長の果実の分配の在り方、企業の生産性の向上や労働移動の弾力化、少子高齢化、及び価値観の多様化が進む中での多様かつ柔軟な働き方、人材育成・人材活用の在り方などについて、長期的視点を持って大所高所から議論していくことが重要である。

従来の政労会見や経営者団体との意見交換という形とは別に、政・労・使の三者が膝を交えて、虚心坦懐かつ建設的に意見を述べ合い、包括的な課題解決に向けた共通認識を得るための場を設定し、速やかに議論を開始する」

参加要請を受けた連合は、政労会見の再開を求める一方で、デフレ脱却で政労使が共通認識をもつことの重要性は理解し、中小企業、非正規雇用の働き手の処遇改善や格差是正、雇用のセーフティーネット充実にむけた政策を進める機会ととらえた。ただ、労働規制緩和がセットになるおそれもあったことから、参加の条件に、「労働政策審議会で議論するべき課題は扱わない」「労使自治、労使交渉に影響を与えない」ことをあげた。

政労使会議は13年9月から12月にかけて5回、14年にも同時期に4回、15年にも1回開かれた。連合からは毎回、会長に加えて、事務局長や産別幹部ら計2人が出席した。

さらにそこから8年は、この政労使会議も開かれなかった。連合によれば、16年からは年に1~3回、サミットの要請や懇談の場、表敬訪問の場はつくられた。ただ、かつてのような予算についての要請はなく、要請はサミットにむけたものが数回行われた形だという。

国際労働機関（ＩＬＯ）で勤務した吾郷《あごう》眞一・九州大名誉教授は「ＩＬＯの三者構成の原則は、労働者の労働条件を改善しないと、社会正義に反するので、三者で議論しようということで、それがそもそものＩＬＯの発足理由である。アジアの中ではほかに課題もある国はあるが、ＩＬＯ基準の実施を監視する監視機構は、日本に対して、批准した１４４号条約のもとで義務でもある三者協議をもっと頻繁に、透明性がある形で遂行していくよう勧告している」と話す。

政労使会議は２０２３年から再び、賃上げを重視する岸田文雄前首相のもとで開かれるようになった。年2回のペースで再開し、２０２４年度からは、地方版も含めて展開されている。

また岸田前政権は、23年秋には新設した賃金・雇用担当の首相補佐官に、民間人に戻っていた労組の組織内議員だった矢田稚子《やたわかこ》氏を迎えた。これには、連合側が多くの幹部が、取り込みを懸念して「政局的な分断の動き」と警戒した。石破茂首相も24年10月、矢田氏を再任した。新しい資本主義で賃上げの旗がふられ、労組の声をとりいれようとしても、その手法によっては政治的な緊張感を生むことがあることは否めない。その中で、抜本的に労組の機能そのものを強化することは、「政治的に難しい」（自民党衆院議員）との見方は根強くある。

第10章　労働組合のこれから

経済政策で、経営側と働く人の立場の均衡がはかられ、ゆがみが少しでも出ないようにするためには、何が必要か。日本でも労働組合をもっと社会的機能として、行政的に位置づけていくことが意識されてもよいのではないか。ただ、日本では過去20年ほどで、労働組合にかかわる行政が弱くなってきた面が指摘される。

海外では賃上げや格差是正という観点から労働組合を再評価し、政策的にも強化する動きが出てきている中で、２０２４年1月には、経団連から労働組合に代わる労使自治の仕組みも提起された。

現状において日本では、労組にとって追い風が吹いているとは言い難い。

労組に加入する人の割合が減って、働き手の16％台となるなかで、どうやって企業と働き手、いわゆる労使コミュニケーションを図っていくかは課題になっている。労働政策審議会に向けて開かれた厚労省の労働基準法関係法制研究会の報告でも「実質的で効果的な労使コミュニケーションを実現する中核」と位置付けられたものの、労働組合の活性化よりも、別の手立てを先に考える傾向が目立つ。

労使協創協議制の提案

研究会で2024年5月、議論になったのは、日本の代表的な企業などで構成されている総合経済団体である経団連が1月に出した新たな提言「労使自治を軸とした労働法制に関する提言」のなかで掲げた「労使協創協議制」だ。労組は働き手の声を届ける手段でもあるが、企業の経営側にとっても、労働者と働くルールの取り決めをしたいときにコミュニケーションをとる場が必要なのだ。ただ組織率が低くなるなか、経団連は提言のなかで「労働組合の組織化が図られることなどが期待される」としつつ、労組以外に新たな働き手の意見をだしあう法的な権限をもつ枠組みをつくろうと提示した形だ。

「労使協創協議制」は、過半数が入る労働組合がない企業で、選択制で、労使コミュニケーションのための組織を新たに法的に位置づけながらつくる提案だ。具体的には個々の労働者を規律する契約締結権限の付与、より厳格な条件での就業規則の合理性推定や労働時間の規制の例外を認めるデロゲーションを進めることなどが期待されている。背景には、労組の組織率の低下、そして非正規社員らが十分に取り込めていないことなどもある。

経団連では働き方改革法案の見直しを見据え、2023年夏から検討が始まり、過半数組合があるところにデロゲーションの範囲拡大などを進めようと考えた。その一環で、過半数組合がないケースを想定して、新たな枠組みを提起した形だ。経団連の担当者は、「あくまでも提案で、複数人の労働者代表の選出、(業務時間内で活動できるような)企業からの便宜供与、権限や拘束力などの細部やどんな法改正を想定するかは議論しながら、慎重に検討していく考えだ」と話す。

労組の組織率が低下するなかで、こうした従業員代表制と呼ばれる働き手の声を届けるための労使コミュニケーションの形は、世界的にも関心を集めているといわれる。近い形では、海外の場合、ドイツでは企業内の事業所委員会が従業員代表制だ。EUなどでもワークカウンシルがあるが、労使協創協議制は日本独自のものを想定しているという。

ドイツの事業所委員会は、争議権はもたないが、協力的な労使関係を構築するために従業員の雇用形態を問わず、発言機会を保障する仕組みだ。活動は会社負担だ。賃金の支払いを含む労働条件の設定や人事の措置なども事業所委員会と企業が結ぶ事業所協定の対象になるが、産業別労働組合が企業と結ぶ労働協約の方が、優先される。このように労働組合と事業所委員会の権限は明確に区分されている。

ドイツの場合はそもそも組合員が産業別組合に直接加盟している形なので、従業員代表制の幹部と産業別組合の幹部の人事は連動しながら行き来する流れに発展した。産業別では同じ業界の働き手たちと情報交換や戦略づくりなど横の連携をとって、経営者という縦の関係性に対して交渉力をもてるので、実質的には日本の企業別組合と産業別組合のような構造になっているという。

組合がない中小企業などでの従業員代表制の可能性を考えている大阪公立大学の野田知彦教授は「労組と協力的で、組合づくりにつながるかといった補完的な関係にあるか、それとも経営主導で、組合を回避する狙いでつくられたかによって、意味合いが変わってくる」と指摘している。

日本の場合は、すでに企業別組合が存在している面があるので、導入の仕方によっては、労働組合と競合しかねない。その競合は、企業別組合だけではなく、産業別組合労働組合全体にも影響を及ぼしかねない、というのが懸念する側の見方だ。ドイツの場合は働き手が直接加盟しているので、産業別組合が存続し続けるが、日本の場合は企業別組合から組合費が産別にいくので、財源問題に直結するためだ。

この場合、働き手にとっては会社に賃金を得ている縦の関係性のなかで、経営者と労働者の立場で話し合う従業員代表制だけが残りかねないという形にもなりうる。

これでは、働き手と経営者が対等に話し合うことは担保しづらい、というのが働き手の立場を代表する連合の主張だ。労使協創協議制の案が1月に発表された直後、連合は清水秀行事務局長名で「団結権等を基盤としない仕組みの下で対等な労使交渉が担保されるのか、労働者の多様なニーズを適切に反映できるのかは極めて疑問である」と指摘。「また、選択制であっても使用者の意思による導入の強制が懸念される」と批判した。

有識者研究会が検討する「過半数代表制」

もう一つ、議論がすすめられたものがある。24年9月の厚生労働省の労働基準関係法制研究会で取り上げられたのは、すでにある「過半数代表制」をめぐる改正だ。

過半数代表制は、労働基準法で定められた、企業が働き手と、三六協定といわれる、時間外労働の合法化にかかわる労使協定の締結や、就業規則をつくったり、変更したりする際の意見聴取をおこなう際に、過半数の従業員を代表する人を選んで手続きするための仕組みだ。

この制度がつくられた労働基準法が制定された1947年当時、労働組合の組織率は5割を超える勢いで伸びていて、労働組合が増えていくことを前提に、組合がない企業のために、過渡的な制度としてつくられた。ただ労組の組織率が低下するなかで、1980年代から、法改正で、企業年金法制の同意など過半数代表制の役割が拡大。その流れは顕著になっている。

現状で課題になっているのは、現在の過半数代表制では、代表を選ぶ民主的な手続きや任期が、法的に担保されていない点だ。選出方法について、独立行政法人労働政策研究・研修機構が調べたところ、「親睦会の代表者等、特定の者が自動的に過半数代表者になった」「使用者（事業主や会社）が指名した」などと、選任が適正におこなわれていない割合は２００７年は39・4％、18年も27・6％にのぼった。

また運用をめぐっても、構成員の水町勇一郎・早稲田大学教授（労働法）が、すでに大きな事業所などでおこなわれていることを念頭に、「過半数代表者への支援で、代表者が補佐するメンバーを指名できるようにし、過半数代表団のようなものをつくって協議なりをおこなうことはどうか。多様な従業員構成に即して過半数代表団をつくることを労働基準法施行規則にある配慮の具体的な内容として書くことで良い取り組みを法令上も促せないか」と指摘。多様な働き手の声を担保できる仕組みにするべきだとの考えが示された。

ただ、その約1カ月後の10月末、連合が開いたシンポジウム「いま、労働基準関係法制に求められるもの」で、小樽商科大学の國武英生教授は、過半数代表制の議論の在り方について指摘した。

國武教授は「制度設計の仕方によっては労働運動に悪影響がでかねない。一研究者としては、権利として法的に手厚い労働組合の活動を阻害せず、活性化につながる流れを作ればよいと思っている」と強調した。

現段階では、この過半数代表制から労組に移行したり、産業別組合と連携したりできる労組拡充につながる制度設計もできるが、過半数代表制度の拡充の仕方によっては、競合し、結果的に労組の方が力を失うような制度設計もできる、という警鐘だ。

不安視する労働組合も

労働組合の関係者の間で、こうした議論が一定の危機感をもたれているのは、一部の労働組合から見れば、机上の空論ではなく、現実に近いかたちが起きているためだ。

同じシンポジウム「いま、労働基準関係法制に求められるもの」にはJR西日本やJR東海などで働く人たち8万4000人の労働組合が加盟する産業別組合JR連合の相良夏樹組織・政治局長もパネリストの一人として参加。JR東日本では、「社友会」という社員相互の親睦団体が立ち上がる中、過半数代表制を用いながら、労働組合に拠らない新たな労使コミュニケーションのあり方を模索している、と指摘し、懸念を示した。

「JR東日本は、JRで最大企業。日本でも大きな企業の一つ。こうした形が認められてしまえば、(労働組合以外の組織体をつくり、それを重視する方向で)続く企業が増えるのではないか」

JR連合によると、連合に加盟する別のJR系の産業別組合JR総連傘下のJR東労組では、賃金体系をめぐり、経営と意見が対立。2018年の春闘方針で、ストライキの可能性を強く示唆したところ、その進め方も含めて問題視した会社側が、ＪＲ東労組と締結していた「労使共同宣言」の失効を明言、事実上の労使関係の破綻について社員に発信したという。その直後から、労働組合に代わるようなかたちで、各地区で新たに、任意団体の社友会が交流や意見交換、労使協定を結ぶ……といった活動を目的に結成された。

ＪＲ東日本の広報は、メールによる回答で「名称はさまざまだが、支社や職場ごとなどに、労働組合とは異なる社員の自主的な集まりによる組織が構成されている。社員の自発的な集まりによる組織で、社友会の運営に会社は関与していない。だが、社員間の交流、親睦、社友会の意見や要望を通じて会社の持続的な発展に資する活動を行っていると聞いている」とした。

組合員が大量に脱退し、２０１８年には社員5万人以上が組合員だったが、24年には社員にしめる割合は約2割となった。ＪＲ東日本の広報は、「労働組合の脱退者かどうかは、社員による自発的な集まりによる組織であるため、会社は知得していない」としたが、「社友会から２０２３年7月1日に『社友会連携協議会』を発足したとの報告を受けたことは事実で、社友会連携協議会からは、全機関で3万人を超える会員数がいるものと聞いた」とも回答した。

この社友会の活動時間については「社友会の運営に会社は関与しないが、基本的に業務時間中の社友会活動は認めない」（ＪＲ東日本広報）とのスタンスだ。ただＪＲ連合によると、社友会は、会費もない任意の親睦団体であり、労働組合と比べて組合費の徴収がない点や、時間外の拘束頻度や時間量が相対的に少ない点から、ライフワークバランスを重視する若い人にとっても受け入れられやすい形となっているという。

ＪＲ東日本は、三六協定締結のため、全社的に過半数代表の選出選挙を実施している。ＪＲ東労組からの組合員大量脱退に伴い、多くの職場では、組合員が社員の過半を占める過半数組合がない状態となり、選挙では、社友会出身と労組出身のそれぞれの候補者がでるが、社友会の候補者が代表者に選出される傾向が強まっているという。ＪＲ東日本の広報は、「会社として、過半数代表者が公平且つ公正に選出されたことに責任をもつという意味でも、会社から全社的にルールを定め適切に過半数代表者を選出している」とした上で、「結果として、社友会のメンバーが過半数代表者に選出されるケースもあると考えている」と回答した。

ＪＲ東日本のなかには、ＪＲ総連傘下のＪＲ東労組以外に、ＪＲ連合傘下のＪＲＥユニオンなどがあるが、このＪＲＥユニオンの中央執行委員長の小林徹志さんは11月半ば、報道陣向けの勉強会で「社友会の掲示などを見ると、社友会は経営層と話し合いの場を持てるようだが、ＪＲ連合加盟であっても私たちのような少数の労働組合には同じような立場の経営層と話をする機会は与えられていない」と話した。

こうした声に対してＪＲ東日本の広報は、「ＪＲ連合の会見について会社として把握していないが、労働組合とは経営協議会等で必要な議論を行っている」と回答。社友会については

「労働法制によらない『社友会』というまとまりができ、これまでにない会社と社員の状況が生まれた。今後は、社員の意見や要望をどう集約して把握するか、また個別の施策を考え、会社の正しい情報を社員にどう伝えていくかなど、会社と社員の関係づくりをどう構築していくのかがより重要な課題となる。『社友会』などを通じ、会社から情報提供したり、社員の持つ意見・アイデアを把握したりすることが大きな意味を持つ」と記した。

ＪＲ東日本内では労組の離合集散が繰り返されてきた複雑な歴史がある。しかしながら実質的に従業員代表制に似た組織が生まれ、多くの職場で過半数代表を獲得することをかけあわせることで、既存労組の力はあっという間にそがれていった。

そんな経験が重く響く中、ＪＲ連合の荻山市朗会長は労働基準関係法制研究会が同時期にだした「議論のたたき台」で言及された過半数代表者の選出手続きをめぐって「過半数代表者への相談支援では労組を相談相手として位置づけたり、複数の過半数代表者を置く場合は労組があれば必ず入るようにしたりしてほしい。労組の編成や拡充につなげることが重要だ。制度設計は、労組の存続にかかわりうる」と危機感を示した。

連合の清水秀行事務局長は24年11月の定例の記者会見で「産別からは懸念の声があがっている。しっかり取り組んでいきたい。安易な改正については疑義を申し上げていく」と話した。同じ会見で、冨高裕子総合政策推進局長は「たたき台には労使コミュニケーションで、労組が重要と書いていただいているが、それ以上は具体的には書いていない。労組が経営資源として機能していることや、労組の役割を含むワークルール教育の充実といった啓発、（職場に）労組のあることが望ましいということをしっかり伝えるような支援をしていただく必要があるのではないか」と述べた。

研究会の議論の方向性をめぐっては、日本労働弁護団は同年10月、「労使コミュニケーションを活性化するために必要な労働組合の組織率向上や権限強化に関する具体的な政策的議論を行うべきだ」などと指摘する意見書を出した。具体的には、労働組合法の改正などで、勤務時間中に組合活動ができるようにするなど組合活動を積極的に保障することや、組合を維持した会社や労組に対して助成金を交付したり、社会保険料などの減免措置を行ったりするなど労働組合をつくることをすすめる行政的アプローチがある、と言及した。

労働組合のナショナルセンターである全国労働組合総連合（全労連）も24年7月、「労組の組織率向上を政府目標として掲げ、労組の結成と活動を支援する具体的な法制度と施策をはかるべきだ」などと書いた意見書を出した。勤務時間中に組合活動ができるようにする制度や、職場やイントラネット上での組合掲示板の設置義務や、会社などが組合事務所やその機能をもつ場・机を貸与する義務などの必要性を提起した。またたとえば会社と労働組合の労使交渉の場に、産業別組合やナショナルセンター・地方地域組織といった労働組合の上部団体が参加することを拒否できないようにすることなどを掲げた。

日本の場合は企業別組合が組合費を産業別組合に納める形をとっているので、いまのまま企業別組合などが広がらず、過半数代表制などの拡充の仕方によって、別の組織に代替されるようなことにつながれば、財源問題に直結し、産別も含めた労働組合の機能そのものが低下しかねない。だからこそ「事実上の組合つぶしではないか」(連合幹部)との見方も根強くある。それは労組の問題のみならず、声をあげることが特に難しい日本において労使関係の変容以上のものをもたらしかねないだろう。

過半数代表制の運用がより適切におこなわれるための改正にとどまるか、それとも一歩踏み込んで、過半数代表制の機能を拡充し、結果的には働き手の権利が縮小しかねない方向につながるのか。この研究会の議論は、年度内にまとめる報告書に盛り込まれ、厚生労働省は、この報告書をもとに、労働政策審議会で労使による議論をしていく。

たしかに労働組合の組織率は低下している。ただ普通の政策の手続きであれば、うまくいっていない状況があるならばなぜそうなるのかといった問題点を精査し、まずは改善をめざすのではないだろうか。組織率を高めるための目標が掲げられることなく、増やす方策や機能を強化したり、活性化したりする方策が探られているわけでもない。そうした試行錯誤もなくして、代わる仕組みが有効にはたらくものだろうか。

日本がその経済を参考にしてきたドイツや米国といった国々では格差是正の仕組みとして労組が見直されている。これからの時代、日本でも格差が一層広がる可能性が指摘されている。米国ほどではないが、経営層と働き手との格差は、かつてよりずっと大きな開きが生まれている。

東京商工リサーチが24年10月に発表した調査によると、2023年度（2023年4月期－2024年3月期）に役員報酬1億円以上を開示した上場企業は、過去最多で、前年より34社多い509社。役員数も初めて1千人を超え、前年より125人多い1120人だった。役員報酬額がトップだったのは、セブン&アイホールディングスのジョセフ・マイケル・デピント取締役で、報酬額は77億3200万円。従業員の平均年間賃金818万8千円の944・3倍だった。年間給与トップのM&Aキャピタルパートナーズ中村悟社長の報酬額は12億6400万円で、従業員の平均年間賃金の51倍だ。

日本社会でも共助の仕組みを維持強化し、レジリエンスを高めるためにも、労働組合を政策的により位置づけることは、考えるべき道筋の一つではないか。

従来のあり方からの変化を

これまで見てきたように、リスキリングや、外国人の働き手の地域での受け入れなどの面で、労働組合を社会インフラとして位置づけることで解決がスムーズになることもあるだろう。ただ、もちろんすでに公共的な事業もやっていて、組合員が減る中でさらに公共の利益のために、ということであれば、財源の問題は生じるだろう。

日本の労働組合は、組合費という自主財源で運営していることで独立性が保たれ、意義があるとしてきた団体だ。大前提として、これまで労働組合の仕組みを理解してもらいながら、そして存在感を示しながら、組合員を増やしてきた経緯があり、これからもそれはもちろん重要だ。一方、連合総研と連合により2022年に発足した「労働組合の未来」（座長・玄田有史・東京大学社会科学研究所教授）の報告書「労働組合の『未来』を創る―理解・共感・参加を広げる16のアプローチ―」では、新たに組合の財源問題にも言及した。

組合活動は、労働組合法第7条に基づき、組合費で運営され、就業時間外にやることとされ、行政機関もこれ以外は不当労働行為だと解釈してきた。だから専従の役員の賃金は組合費から出し、非専従の組合員の活動は、賃金が発生しないように仕事以外の時間でおこなってきている。賃金が発生しない形で、組合員による組合費だけで運営されることが経営からの独立性を高めるとの考えからだ。

報告書では、非正規で働く人も増え、男女ともに共働きも増えるなかで、仕事以外の時間で十分に組合活動に時間をさける人は限られやすくなり、幅広い参加者を生みづらい状況を生んでいたとも指摘。連合総研の中村天江《あきえ》主幹研究員は取材に対して「多くの働き手が労働組合に参加できるようにするためにも、組合活動にともなう金銭的な負担や時間的な制約について、正面から考える必要がある。研究会では、労働者代表の機能を果たす、社員の過半数が加入する労働組合に対しては、就業時間中に活動できるよう、（企業による）消極的な経費援助を提案した。労働組合法の解釈・運用の見直しや改正によって、集団的な労使関係をもっと有効に機能させることができるはずだ」と話した。

たとえば韓国では、組織率の低下で、組合費が減るなかで法改正し、労組の専従者が組合費で手当てしなくても生活できるよう就業時間に組合活動することを認めるようになった。これにより、労働組合の活動をより広げていきやすくする、という狙いがある。ほかにも欧州では労組に公的な資金がはいったり、公的な事業を担ったりしているケースもある。

この点については、まだ連合内でも意見はさまざまあるが、報告書として、一つの提起を示したという位置づけだ。

連合の冨高総合政策推進局長は11月の記者会見で「連合が2021年に、（連合内で検討していた別の労使コミュニケーションの枠組みである）労働者代表についての考え方をまとめたときも、（勤務中に組合活動ができるような）便宜供与について、やるべきではないか、やると（経営からの独立性が保てなくなり）組合つぶしになるのではないかと、さまざまな意見があった。今後、たたき台がでてきたなかで、もう少し絞り込んで我々が議論していく必要があると思っている」と話した。

何が最も有効で、納得がいく形になるかは労働組合の担い手たち自身が決めるべきことだろう。ただ公共的な役割があることをふまえ、社会にとっても、労働組合が今後も存続し、広がるような流れをつくることは必要ではないか。

Ⅲ　日本編——労働組合の可能性

第11章　領域を広げる
――組合員以外のために何ができるのか

連合は、連合傘下の700万人の組合員だけではなく、日本でいま働いている6千万人を代表するという位置づけになっている組織だ。だから組合がなくても、組合員になっていなくても、実は多くの人が本来はかかわりがある。

たとえば連合は毎年、厚生労働省の最低賃金などの議論で、働き手の立場を代表して議論に参加している。また国際組織の国際労働機関（ILO）や国際労働組合総連合（ITUC）でも、日本代表の位置づけにあって、日本で働く人全体の話をしている。だから直接、傘下の組合にはいっていなくても、働く場に組合がない人にとっても、連合の活動の範疇に入っているのだ。

日本の労働組合は組合員の組合費だけで運営されることで独立性を担保する立て付けできたので、実際に労組が組合員以外のための幅広い活動をするには制約が生じることもある。それでもそんな役割を意識し、もっと社会に目を向けて領域を広げる。そんな活動を広げている労組もある。

組合員以外からの相談

「有給休暇がとれない」
「残業代が出ない」

連合静岡のウェブサイトの相談メールフォームには、そんな相談が寄せられる。最も多いのが人間関係やハラスメントにまつわる内容で、次に契約打ち切りなど雇用契約をめぐる相談が寄せられる。

このチャットのような相談システムは、「連合静岡メイト」（https://www.rengo-shizuoka.jp/everyone/mate）と呼ばれる仕組みで、ウェブサイトで住所と連絡先を登録してもらい、メールフォームで24時間相談を受け付けている。静岡県に住んでいたり、働いていたりする人に開いている窓口で、寄せられているのは労働組合のない職場で働く人や、組合員以外からの相談だ。連合静岡ユニオンの運営スタッフらが翌日以降に返信している。

２０２２年４月からメイトをリニューアルし、年会費千円だったところを無料にし、会員のみがいつでも何度でも相談できるようにしたところ、告知をしていないのに会員になる人が毎月20人ほど増えている。24年９月末までに４７７人がメイトになっているが、このうち１５２人は一度も相談を寄せていないが登録しているのだという。

いま連合静岡で、メイトを運営する坂本義樹・組織対策局長（44）は、管理者として2代目で、こうみる。

「『組合に入りたい』『組合をつくりたい』という一歩手前の、いざとなったらちょっと相談できるように、つながっておきたい、という人は結構いるんです」

そんな潜在的なニーズに響いたようだった。

21年11月から24年9月末までの相談者では、現役世代からの相談が目立った。最も多い約3割が40代で97人、次いで25％を占める30代の80人、約2割は50代の73人、約14％は20代の46人、60代の19人。10代も4人、70代も1人いた。また約6割が女性で213人、約4割が男性で、146人。その他は1人だった。

相談が寄せられた業種で、最も多いのが医療・福祉で74人、そして地域柄か、製造業が62人。サービス業が61人と続いた。もともとは非正規の働き手にも広げたいという思いから始めているが、雇用形態では正社員が最も多く、パートタイマー、アルバイト、契約社員、派遣社員、嘱託社員と続いた。契約期間も無期が約7割で、有期が3割だった。

寄せられた相談348件中、パワハラなどハラスメントが116件と最多。年次有給の取り方など労働時間にかかわる相談が42件、賃金未払いや昇給など賃金にかかわる相談が39件だった。

実は今、運営上の理由から、連合に寄せられる相談は、県ごとではなく、近隣県をまとめたブロックごとで受けるようになっている。電話労働相談が本部に集約され、相談業務のあり方を見直す中でメイトの入り口を広げ、連合静岡メイトは、県ごとの相談を受けている。

「地域にいま、どんな労働問題があるのかも、以前よりもわかりやすくなった。連合静岡内の事業や戦略を考えるときも参考になっています」

メイトのように、組合員にならず会員として参加するという新しい枠組みは当時、全国で初めてだったという。きっかけは、リーマン・ショック直後、当時の連合静岡の会長の鶴の一声だった。

「そのままでいいのかな」

当時、副事務局長だった小西一也さん（61）が電話での相談を受け、切った直後だった。寄せられた相談にのったあと、相手が再びかけてこなければ、関係性は切れてしまう。

一方で、労働相談の解決には、連合静岡にもある個人で入れる個人加盟のユニオンか、仲間を募って職場に労働組合をつくるか、といった解決方法の提示に限られていた。

だが、そこまでコミットせずに、「ちょっと相談したい」という思いを抱えている人は多い。連合静岡の会長の問いは、そうして相談を寄せてきてくれた人たちにその後の様子をフォローしたり、かかわりを持ち続けたりできないか、という趣旨だった。

静岡県は製造業の工場も多い地域。非正規の働き手も増えているなかで、リーマン・ショック後は派遣切りも増え、ワーキングプアの問題も顕在化していた。

組合員以外の会員とは、労働組合にとっては前例がないことだった。リーマン・ショック直後、多くの組合員も大変な思いを抱えている時期に、組合員の組合費を、組合員にならない人たちのために使っていいのか。そんな執行委員会での3回の議論を経て、2010年4月に立ち上げた。最後は「連合評価委員会最終報告にあるように、企業別組合主義から、すべての労働者の参加をめざしたい」と訴えてとおした。

城郭都市の奥に控える武将集団

メイトは、「ゆるやかなつながりをもつ新しいスタイル」だと説明した資料のイラスト（次ページ）は、今も連合静岡のHPに掲げている。

江戸時代のようなお城の絵で、城下町外の戦争や小作農たちの暮らし、城下町内の人々や子どもが平和に暮らす様子が描かれている。さらに、城の内側には、武装した人々が準備する様子も描かれた。

HPでは、城壁に守られた城郭都市が、メイトの領域で「働く人を守る新しい仕組み」「城壁に守られた城郭都市に住んでいるような感覚」と説明した。城の中は、連合静岡ユニオンの

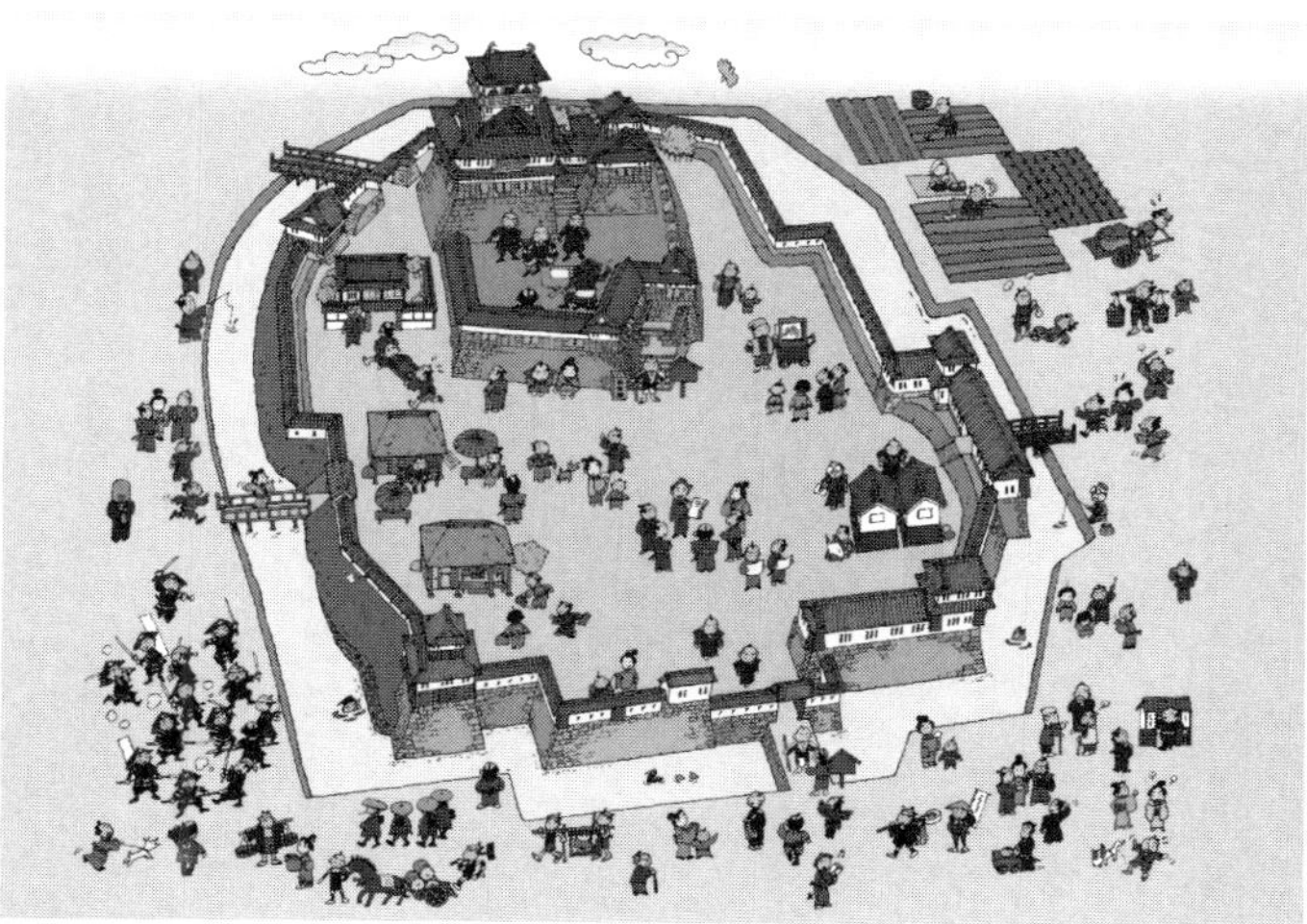

「連合静岡メイト」の仕組み。城郭都市のようなイメージで塀の中には誰でも入れて、さらに城の中には労働組合が控えていることから「二段構え」で働き手が守られることを示している
（出典）https://www.rengo-shizuoka.jp/everyone/#support

領域で、「いわば城郭都市の奥に控える武将集団のような存在」「本当に労使交渉が必要な困難に直面した時、労働問題のプロスタッフが協力して問題の解決を支援します」と書いた。

二段構えにしていることで、メイトになっている人が、やはりさらにユニオンに加盟して踏み込んだ相談がしたくなったときも、スムーズに対応できているという。

小西さんは言う。

「世の中の人は、闘うといったとき『そこまでしたくない』と、嫌なイメージをもつのでしょう。でも実際には、ある程度、闘わないと平穏が守れない側面がある。その役割は労組が担っている。自治会が地域を守っているように、労組は職場や働く環境を守っている。労組は、自分たちのためだけではなく、この地域全体のためにたたかっているつもりなんです」

小西さんは1989年に遠州鉄道に入社。バス運転手の勤務を経て、非専従の企業労組の役員になって、私鉄総連を経て、連合静岡の職員になった。坂本さんは98年に増田製作所に入社。オートバイフレームを造る製造業で働き、労働組合専従となって、事業所閉鎖に伴い、自動車総連を通じて、連合静岡の職員として働いている。小西さんも、坂本さんもそれぞれ30代と20代の子どもがいて、労組を広げて、つなげていくためには、新たなスタイルをつくることの必要性も感じている。

「子どもの世代をみていると、（労組がやってきたような）仲間をつくることよりも、もっと個々での信頼できるつながりを求めている。そっと横にいて話を聞きながら、今の働く世代のニーズにあわせてやっていくことも大事なんです」

非正規の働き手のために、労働組合や連合は、何ができるのか。これ自体が非常に大きなテーマだ。

非正規の働き手の抱える課題は、製造業か、サービス業かといった産業や、有期雇用か、パート雇用か、派遣社員かといった形態によっても異なり、複雑だ。本来は、これだけでしっかり書くべきテーマで、この本で書いているのは問題の解決にむけた一端を示すことしかできていないことは、あらかじめ断らせていただく。

最近、福岡市で、民間委託の非正規で働く水道検針員の賃下げに歯止めをかけようとする動きが生まれた。取り組みを進めたのは、地方公務員の産業別組合、全日本自治団体労働組合（自治労）の福岡市水道サービス従業員ユニオンだ。

水道検針業務をめぐる労使交渉

支援をした自治労福岡県本部アドバイザーの大土重義さん（67）によると、福岡市ではもともと、市内7カ所ある水道営業所の水道検針業務を、市水道サービス公社に一括して委託していた。ただ２００９年から、プロポーザル方式（企画競争入札）に替えて、西部・東部・中部の3地区にわけて、別々の民間事業者に委託し、それぞれで検針員の時給を決めるようになった。はじめは、賃金などの労働条件は、公社の基準が確保され、受託企業ごとに労働組合がつくられ、労使交渉が行われていた。

問題が生じたのは、西部ブロックだった。

２０１８年のプロポーザルで、２０１９年度からの委託先が変更され、地場のビル管理を中心とする共同企業体になった。西部ブロックの2営業所の水道検針員は、この共同企業体を代表するビル管理会社6社に数人ずつバラバラに雇用され、同じ営業所でも雇用先が異なるようになり、賃金などの労働条件も引き下げられた。

具体的には、検針件数に応じた歩合部分の賃金30％引き下げ、夏季休暇制度の廃止などで、2万円以上の賃金引き下げにつながった。三つのブロックにわかれても、公社と同じ水準でできていたものが、民間委託によって、地域による賃金の格差が生まれたのだ。

この結果、一つの営業所では、再雇用を希望しないなど、14人の検針員のうち10人が退職したという。

「まったく同じ仕様書で、水道検針の仕事なのに、ダンピング受注されて、賃金が変わるのはほっておけない」

大土さんは当時の危機感をこう振り返る。

企業別の労働組合では対応できなくなるため、受託事業の開始前の2019年2月、二つの企業別労働組合を統合し、企業の枠を超える合同労組に移行させた。

団体交渉を何度しても、経営側は「経営判断」を理由に、要求は拒否されたという。

次に、大土さんたちが打開策の着想を得たのが「労働協約の地域的拡張適用」だった。

これは労働組合法に基づき、労組や会社が県や国に申請すれば、労使が結んだ労働協約が、要件を満たすと、同業他社を含む一定の地域全体の同業者に広げられる仕組みだ。労働協約は、団体交渉などの末に労働条件の契約をまとめたもので、労働組合の成果ともいえるものだが、拡張適用は、これを広く社外も含めた組合員以外に広げることを意味する。法律の趣旨としては、労働条件の切り下げ競争を防止して、労働条件の維持改善をはかること、そして労働者間や使用者間で公正競争を確保しようとする狙いがある。

2020年8月、産業別組合UAゼンセン傘下の組合が申し立て、茨城県の家電量販店の休日数の協約が同業他社の従業員にも適用された。これ自体が32年ぶりのことで、報道されていた。

2022年夏ごろから、連合、自治労本部、自治労福岡県本部を中心に、この労働協約の地域的拡張適用ができないか、検討が進められ、この分野の第一人者である古川景一弁護士のアドバイスも得ていった。同年9月に開いた学習会には、東部と中部の企業2社の担当役員にも参加してもらった。

一定の要件を満たすことがネックの一つで、法律では、「一の地域において従業する同種の労働者の大部分が一の労働協約の適用を受けるに至ったとき」とある。

まず、一の地域、同種の労働者とも、申し立てる側が任意で決められる。今回、地域は福岡市、そして同種の労働者は、時間給制の水道検針員と定義した。この労働者の「大部分」が高いハードルで、労働組合法17条と18条に基づけば、「おおよそ4分の3」を満たせるかどうかが重要になった。

今回は、福岡市で、時間給制の水道検針員の4分の3以上が労働協約の適用を受けた場合には、非組合員を含むすべての水道検針員とその使用者も同じ労働協約の適用を受けるべきだ、ということを主軸においた。そして、福岡市水道サービス従業員ユニオンは23年2月、福岡県知事に対して、東部と中部の委託企業2社と結んだ労働協約を、西部を含めた市内全域に拡張適用するよう、申し立てた。

県労働委員会では、小委員会が7回開かれ、審議が重ねられた。そして23年11月、拡張適用することが適当であると決議した。決議文の中では、「同じ水道検針業務に携わっている労働者の賃金に格差が生じる可能性も否定できない」と指摘。「公的契約による事業に従事する労働者の労働条件については、労働関係法令によって要請される基準に従うだけではなく、同一労働同一賃金などの法理念の実現にも十分留意することが求められる」とも強調した。

「労働協約の拡張適用」

福岡県知事からは2024年1月、「労働協約の拡張適用を受けるべきことを決定する」との公告がでた。つまり、福岡市が民間委託する水道検針業務で、東部、中部を受託する労使が締結した労働協約の基準を、24年4月からすべての委託先企業で適用し、パート検針員の最低時給を同じ水準にする、ということだ。地域的拡張適用の第一人者で、支援にあたった古川景一弁護士によると、日本で12番目の事例で、非正規の働き手が対象になる適用や、公共サービスの民間委託先での適用は初めてだった。

労働協約の拡張適用は、世界の労働組合が取り組んでいるものだ。賃金の一定の水準が幅広く適用されれば、社会の格差が小さくなるという発想からだ。

国際労働機関（ＩＬＯ）がまとめた「社会対話レポート２０２２」によると、労働協約の拡張適用は主に賃金水準の最下層にいる人を引き上げ、企業や産業にかかわらず、賃金の不平等を削減するという。労働協約の適用率が高ければ、働き手に分配される労働分配率があがり、国民所得の割合が高い傾向もみられた。ＩＬＯ統計局のドーラ・カタリン・サリ専門官は書面での取材に対して「（労働組合による）団体交渉が、経済成長と所得の公正な分配の両方を支えられる」という。こうした労働協約の拡張適用は、格差是正に有効だと考えられ、欧州の政策の現場でも、要件を緩和するなど、適用をさらに広げるような動きが生まれている。

参考にされているのが、組織率が日本の半分ほどの8・8％にすぎないフランスだ。だが労働協約を組合員以外にも広げることが1936年に法制化され、労使の当事者の申請か労働相の職権によって、国もしくは同じ地域の同一産業のすべての労働者に労働協約が適用される。労働協約が適用される働き手の割合は98％に上る。労働協約が適用される働き手を増やすことが格差是正に有効だと考えられ、ドイツやEUにも広がりを見せているのだ。

一方で、日本は労働協約が適用される働き手の割合が16・3％にとどまっている。

ただ、留意も必要だ。労組に加入しなくても、組合員と同じ水準の待遇が受けられるとなれば、労組の組織率がさらに低くなるおそれがあるからだ。フランスでは組織率が低くても、有給で組合活動をすることが法的に認められ、労組には組合費以外に使用者が組合活動のコストを一部負担する仕組みがある。この制度に詳しい青山学院大の細川良教授は「日本の労組は、組合費のみで活動している。公的な支援の枠組みが必要になるのではないか」と指摘する。

ＩＬＯ統計局のサリ専門官は「日本は、労働組合の加入率の低さが労働協約適用率の低さと密接に関係している。労使ともに協調して、組合員を増やす努力をすることが重要だ」と、指摘した。

また、非正規の働き手にも同じ労働条件を広げられた側面はあるものの今回の福岡県の水道検針員のケースでは、今後に向けた課題も残した。

知事の公告どおりに、賃金の下限額を満たすためには、時給を引き上げるか、歩合給の一件当たりの単価を引き上げるかが考えられた。労働組合としては、単価を引き上げることを要求するために、2024年1月に要求書を提出。2月の団体交渉の段階では、経営側が、「拡張適用の決定は遵守する」と回答したが、検討中を理由に、具体的な回答を示さなかった。

3月の団体交渉で、経営側から出てきたのが、「コペルニクス的転回」の回答（大土さん）だった。新会社を設立し、水道検針員にそこに転籍してもらい、この新会社の水道検針員の所定労働時間を短縮しながら、時給は最低賃金で、歩合給単価を3円引き上げる。こうすると、1時間あたりの賃金額1605円という労働協約の基準は守りながら、労働時間は1カ月で10時間減るため、手取りとしては増えない——というものだった。

委託契約のプロポーザルは5年に1回。西部の契約後も、今後は東部、その後は中部がそれぞれ改定の時期を迎える。大土さんは「明日は我が身で、このままだと全体の労働条件の引き下げにつながりかねない」と語る。

西部は現段階では厳しい情勢だが、それでも大土さんは前向きだ。合同労組の形をとっていたからこそ、正式雇用前から団体交渉が始められた。

「労働組合がないと、委託先も含めた公務員の非正規の問題は解決できない」

大土さんは1976年に九州の国立大学に入学。学費や寮をめぐって自治会運動をはじめ、いったんは印刷会社などで働いたが、1983年、旧総評の地区労の専従書記として雇用された。「学生運動出身としては最後の世代」。2005年からは自治労で働き始め、ずっと非正規の公務員の問題に取り組んできた。

「今回の労働協約の拡張適用は、公契約の労働条件の格差をなくすという意味では、画期的だった。ただ条件がそろったという意味では、奇跡だった面もある」

労働協約の拡張を考えるとき、地域や業種は設定が自由だ。

「労働協約の拡張適用の事例を重ねていくことにも意味がある。今回、これをやったことで先につなげられる」

日本の労働組合は1960年代までは、企業横断的、もしくは産業横断的な活動をおこない、社会に影響力を広げていた。たとえば、1965年に全電通労組（現・NTT労組）が、日本で最初の育児休業制度を定める労働協約を獲得し、この労働協約が、総評と同盟の春闘要求に基づいて広がり、連合が発足して、政治力も高まっていくなかで育児休業の法制化に至ったという。

労働協約の可能性について、古川弁護士は「1970年代以降、労働組合が企業の壁の中に閉じこもり、労働協約が企業の壁を越えて、産業や社会に影響を与えることが少なくなり、労働組合の影響力も低下した。労働協約の地域的拡張適用の制度は、この状況を打開し、労働組合と労働協約が、ある地域の特定の産業の全体の働き方を変えるものだ」と話す。

労組が地域の福祉を担う

労働組合が地域の福祉を担うケースもある。

JR新杉田駅には、隣の横浜市新杉田地域ケアプラザがコンコースで直結している。白い5階建ての建物のなかにある障がい者のケアを担う「ぽこ・あ・ぽこ」などがある。運営しているのは社会福祉法人電機神奈川福祉センターで電機メーカーなどで働く人たちの労働組合などの産業別組合・電機連合神奈川地方協議会（地協）が設立母体だ。労働組合のOBたちも職業支援員として働いている。

ぽこ・あ・ぽこはラテン語で「一歩ずつゆっくり進む」という意味がある。4階にあるそのぽこ・あ・ぽこの作業スペースの一角には2024年8月中旬、透明の保護メガネ、青い厚手のゴム手袋を身に着け、青いポロシャツ、チノパン姿の男女5人がいた。5人とも知的障害があり、ここで働いているのだ。それぞれドライバーなどを手にして、黙々とパソコンのハードディスクなどのネジを一つひとつとったり、ワイヤーを外したりしていた。

「電子機器の解体をするスペースです」

施設長の杉岡潤さんが教えてくれた。

Ｗｉ－Ｆｉの機器、電話機などを解体し、壁におかれた電源基板、プラスチック、アルミ、鉄、ドライブユニット、メモリーカードといった分類の箱に入れていく。

通りかかった職員の高嶺雅明さん（69）が取材に応じてくれた。かつて大手電機メーカーのタービン工場で働き、８００人の組合員の職場をまとめる執行委員だった。労働組合では安全担当を8年つとめた。定年退職後に、下請け会社で再雇用されたのち、3年近く前に声がかかって、この社会福祉法人でつとめるようになった。

「とにかく利用者の方にけがをさせないこと。防護眼鏡と皮手袋の着用は徹底させています」

電子機器の基板を外すため、留めている小さなネジをとるが、ネジ山の形状によって、使うドライバーが異なる。星型か、プラス型かで使うドライバーの種類が違うため、その選び方から教え、ドライバーをまっすぐ直角に当てて回して外す。電子機器ごとに一つひとつ自分で判断し、自ら選択し、正しい作業姿勢がとれるようになるまで見守る。

「組合活動で培った、人の話を聞くことが、今に生きている。ここは、いろんな特性のある人がいて、強く言ったほうが伸びる人、そうじゃない人がいる。そんなことも考えながら、でもやっぱり人を育てる仕事はいいですね」

そう言って目を細めた。

杉岡さんは、社会福祉士と精神保健福祉士の資格をもち、ぽこ・あ・ぽこに来るまでは労働組合とは直接かかわったことはなかった。だが、電子機器の解体や組み立てを教える労働組合OB職員たちの教え方の丁寧さに目を見張る。

戸棚にあった「組み立て」の工程を示す模型を見せてくれた。

燃料用タンクの車載センサーのそれぞれの部品が、組み立てられる順番で並んでいて、完成形がわかる。それぞれの段階で、部品を取り付けるために必要なグリース（溶剤）の量も異なる。障がいの度合いによっては、その加減が難しい。だから、部品ごとに深さの異なる箱を置いて、部品をそこにつければ、自動的に必要なグリース量が付くような仕組みもつくった。両手で組み立て作業ができるように、車載センサーのベース部材をおけば作業がしやすい専用の台も手作りだ。

「現場の工程をわかっているからこそできることです。これは福祉だけでは目が行き届かない」

社会福祉法人電機神奈川福祉センターでは、神奈川県内に障害福祉サービス、就労援助センターなど10事業所を展開している。

電機産業の労働組合が、なぜ社会福祉法人を立ち上げたのか。

話は1960年代までさかのぼる。当時、神奈川県で障がい児の療育問題に取り組んでいた財団法人神奈川県児童医療福祉財団の飯田進さんが、産業別労働組合との意見交換の場で「労働組合こそ、障がい者福祉に取り組むべきではないのか」と提起した。そのときに唯一応えたのが電機連合神奈川地協で、60年代からは神奈川県児童医療福祉財団から委託を受け、マッチを販売し、寄付を集めるカンパを始めた。地協の中では、「労働組合として、組合員の賃上げや労働条件の改善だけではない障がい福祉活動の第一歩」と位置づけられている。

1972年、電機連合神奈川地協で、障がい児・障がい者対策が打ち出された。当時、組合員の一人から、「組合は、障がいのある自分の子どもに何をしてくれるのか」という声も上がっていて、これに応えたかたちとなった。

「こうした取り組みは労働組合の範疇なのか」「行政に働きかけるべきテーマでは」。中では、激しい議論はあったが、最終的に引き受けた。神奈川地協の佐藤信也事務局長は「青い鳥のカンパ活動があったので、受け入れる素地があったのでしょう」と話す。

1970年代、障がいがある子どもたちがのびのび安心して遊べる場所はまだ少なかった。それならば労働会館のスペースを使ってもらえばいい。組合員の子どもだけではなく、地域の障がいがある子どもたちにも開放した。

そこで遊んでいた子どもたちは、やがて大人に。だが今度は、働く場がなかった。そこで90

年に就労支援施設の建設を機関決定し、96年に、「ぽこ・あ・ぽこ」を運営する社会福祉法人電機神奈川福祉センターを設立した。92年の横浜南部就労支援センター開所後は、97年に湘南地域就労援助センター、98年に川崎北部（現・中部）就労援助センターを開所した。川崎市、横浜市が直営する授産施設等の運営を受託した。

一方、当時は、電機産業のメーカーの多くは経営が厳しくなっていった時代でもあった。電機神奈川福祉センターの岡元茂樹理事長は「社員（組合員）が配置転換や転籍されているなかで、障がい者雇用を続けることへの反発もあったと聞くが、労使で社会貢献を重視したことで着実に前進してきたのではないか」と振り返る。

「労働組合は社会の公器」。歴代の先人たちがつなぎ、育み、50年続いてきた福祉活動に、そんな思いも深めている。

電機神奈川福祉センター全体では、3216人の障がい者が一般就労を果たした。ぽこ・あ・ぽこでは、特別支援学校卒業後に施設で訓練をして、就職の準備を整えてから就職していく人が多い。21年10月からここを利用する一人の20代女性は、周辺機器の解体やシール貼りなどの軽作業、清掃を学んできたという。

「スピードを意識することを学びました」

そう教えてくれた女性は近く、就職活動を始める予定だ。どういう風に働きたいか、も尋ねると、「注意や指導を受け入れられる自分になりたい」。そう話した後、手帳で今後のスケジュールを見直しながら、笑顔を見せてくれた。

ぽこ・あ・ぽこの杉岡さんによると、健常者でもそうであるように就職した後の定着率も課題だ。1997年から2005年では、82人の3年後定着率は74・4%だったが、数カ月に一度、就労継続の支援活動として働き手と企業のヒアリングをしながら、無償で支援したところ、2006年から2017年では200人の3年後定着率が83%と改善した。

もっと定着させるための支援も必要ではないか。電機神奈川福祉センターが受託した厚生労働省の事業で一般就労後の職場定着フォローアップについての調査をおこなった。出身の就労移行事業所が引き続き支援することが、高い定着率となっていることが、改めてそのデータでも確認できた。

こうしたデータに基づいて、定着支援の重要性を訴えたことが、障害者総合支援法に定められた障害福祉サービスの一つとして就労定着支援事業の制度創設につながった。ほかにも、全国の就労移行支援事業所の有志と2012年8月、全国就労移行支援事業所連絡協議会を設立。労働組合出身の議員や超党派の議員の支援を受け、問題解決の後押しとなった。

一般就職した障がいのある人が、就職後に長く働き続けられるよう、就労定着支援員が、会社と障がい者本人のあいだに入り、相談やアドバイスなどをおこなっていく。仕事でミスをしてしまう、職場のひとたちとのコミュニケーションがうまくできない……課題はさまざまで、もちろん人によって必要な支援の度合いは異なる。条件によっては自己負担もあるが、この支援制度は1年ごとの更新で、最長3年間までサポートを受けられる。

ぽこ・あ・ぽこでは、就労定着支援が障害福祉サービスになったので、従来は無償でやってきたものをより手厚くおこなえるようになった。いままでは、働き出した障がい者の会社や職場には毎月ヒアリングをおこない、その結果、２０１８年から21年までの42人の3年後定着率は97・6％となっている。その後も２０２４年秋まで95％以上の定着率が続いている。

電機神奈川福祉センターでは、労組ＯＢの非常勤職員も企業に赴いて定着支援に携わっている事業所もある。

「企業側のニーズをふまえながら働き手の立場から話して、条件を交渉してまとめてきてくれる。企業を相手に話すのがすごくうまい」

杉岡さんはそう笑顔を見せた。

第12章　労働組合を改革する

組合員も減るなかで、時代の流れに合わせた労働組合自身の変化は必要だ、という危機感は組合内部にもある。どう変えていくのか、模索が続いている。

2024年9月末、ものづくり産業の産業別組合JAM大阪で開かれた研修会で、ドイツ語のスライドが示された。

ドイツの金属系の産業別組合IGメタルの労働協約改定時の活動のポイントが示されたものだ。協約期間も交渉事項でその都度決められるが、2年に一度ということが多い。包括的に賃金や労働条件を経営側の団体と話し合う。労働協約改定は、日本の春闘のようなもので、IGメタルの場合はこの経営陣とのやりとりのスケジュールに加えて、もう一列、組合員の参加のタイミングが書かれている。いつ組合員へのアンケートをだすのか、いつ組合員にポストカードで案内をだすのか、ストライキの連絡をするのか、といった具合だ。

講師役のJAM本部の組織変革プロジェクトの事務局長の大谷直子さんが語った。

「以前は、要求作りから決定、団体交渉、ストライキといったスケジュールだけが書かれていた。でも、どのタイミングで組合員にどう参加してもらうかも『見える化』して落とし込むようになったそうです」

次に、IGメタルの今年の労働協約改定にあたって、組合員に配られたアンケートもスライドで示した。アンケートの冒頭には「あなたの意見が重要だ！」と書かれている。「賃上げを考えるとき、個人的に重要なことは?」「妥当な賃上げ率は?」など、さまざまな選択肢を示しながら尋ねられたことが示された。

この日のJAM大阪の研修会は、働き手と会社側などの間で労働条件などをめぐって結ばれる労働協約についてで、ドイツのIGメタルの手法を紹介する大谷さんの講演もこの一環だった。会場では約50人が耳をかたむけ、オンラインでも20人以上が参加した。

IGメタルは、世界でも最大規模の産別といわれる。金属産業で働く組合員数220万人の組織だ。ドイツには日本のように企業別の組合はなく、労働者が直接、産別に加盟する。また仕組みとしても定期昇給がないので、賃上げをめざす動きもより切実で、ストライキもおこなわれる。

「労使協調型」から「参加型」へ

ただドイツの労働組合も長く、労働組合として闘う姿勢を示すというよりは経営陣と歩調をあわせる「労使協調型」といわれてきた。それが組合員の「参加型」ともいわれるやり方に変わったのは2000年代半ば、米国のキャンペーン型の労働運動の改革に学んで、組織改革をしてからだ。ドイツと米国では労組の歴史も、制度の仕組みも違う。それでもそのエッセンスをいれたことが起爆剤になり、組合員ではなかった派遣社員のために、同一労働同一賃金のキャンペーンを立ち上げて闘う姿勢を示すようになった。

団体交渉担当のウーヴェ・フィンクさんは2022年のオンラインの取材で、当時をこう振り返った。「派遣の仕組み自体に反対したが、規制緩和で派遣労働者が増え、現実として受け入れるほかなかった。でも不安定な仕事で、賃金や労働条件などの社会的水準も下げられてしまう。それは派遣労働者の問題だけではなく、自分たちをふくむ労働者全体にとって問題になる。何かしなければいけない、と声をあげた」。そこから派遣の仕組みを否定するのではなく、派遣労働者の処遇の改善をめざす方向に、かじを切った。

製鉄業界では、ＩＧメタルが経営者協会に対して、派遣で働く人も直接会社に雇用されている人と同じように賃金が払われるように交渉した。派遣元が払うことを履行させるようにし、それが履行されていないことを働き手が証明できれば、製鉄会社が差額を払うことにした。

また金属電線産業では、基本給に補塡を加えていく形で、9カ月後にはだいたい直接雇用されている人と同じ水準の賃金を受け取れるようにした。フィンクさんは「一定期間がたったら正規雇用に転換できるようにもした。派遣は柔軟性が前提なのに、派遣のまま何年も同じ企業で働くのでは意味がない」と話した。

効果は大きかった。派遣の働き手が「この産別は自分たちのために何かをしてくれる」と考えるようになり、交渉後から組合に参加してくれるようになった。IGメタルでも、組合員離れは課題だ。フィンクさんは言う。「今も団体交渉をするときには、まだ組合に加わっていない人と一緒にやって高い賃金を求めている。交渉後、新しい組合員として加わるようになってくれる」

組合に参加していない派遣の働き手の賃金交渉のために立ち上がったことで、自らの組織自体も刷新されるようになり、社会で労働組合の受け止められ方も変わっていった。それまでドイツにはなかった、派遣もふくめた産業ごとの最低賃金をつくり、2015年には法制化された。

こうした改革を進めていたドイツのIGメタルと、日本のJAMの交流は2016年にさかのぼる。先鞭をつけたのは、前会長の宮本礼一さんで、交流を始める流れをつくり、橋渡し役となってきたのが、職員の大谷直子さんだ。

大谷さんは1986年に施行された男女雇用機会均等法をきっかけに女性が働くことに関心をもって大学院で学んで、JAMの前身の全国金属機械労働組合で新卒で働きはじめた。はじめは、発足したばかりの女性協議会の仕事を任され、理論ではなく、現場で課題の改善にむけて取り組んだ。

その後、ドイツの大学で労働組合について学ぶ修士課程を知り、受けてみたところ、受かった。1年の休業も認められ、2005年から1年間、ドイツに留学した。修士課程のカリキュラムでは6週間、現場でインターンをやることになっており、多くの人がILOや国際労働組合総連合（ITUC）といった国際機関を選ぶ中で、製造業のつながりで関心を持っていたIGメタルで学んだ。仕事のコア自体は本当に変わらないと思った。

日本で海外の労働組合について知るときは、政策制度面の文脈で学ぶことが多かった。でもこうした産業別組合の運動を知ることは、参考になった。

JAMでより多くの人に直接学ぶきっかけをつくりたい。そう考えて、こうした交流の枠組みづくりを提案し、JAM内で同じ問題意識を持っている人と話し合いながら、16年4月に宮本会長がドイツに行ってIGメタルに交流の依頼をした。

16年12月、最初にドイツに交流メンバーとして行った一人が、JAM大阪の清水隆生書記長だ。冒頭の大阪の研修会での結びに、こう語った。

「IGメタルとは組織形態も違うし、社会の認知度も違う。ドイツのやり方をそのまま持ち込めるか、といえば、日本は日本のやり方がある」と指摘した上で、「しかし労組の役割はどこに行っても同じ。彼らは（組合員との）対話をもって組織を強化し、拡大している。ぜひ教えてもらって、取り入れて組織強化していかないといけない。みなさんと対話を通じて強化していきたい」

JAMでは、IGメタルの人たちを日本に招き、ワークショップも開いてきた。

JAM九州・山口では、女性の運動や政策実現などについて事前に論点などを設定するのではなく、会議の参加者にワークショップ形式で課題を語ってもらい、議論を通じて、運動方針の点を見いだし、重点活動として取り組むようにしている。JAM京滋は、それまでオープンショップ形式だった組合参加のあり方をユニオンショップ形式に変える検討を進めた際に、不安を抱えている組合員一人ひとりと丁寧に話し合った。IGメタルがやっていた一対一の対話の方式を取り入れた。

大谷さんは「ボトムアップでやるといったとき、みなが体験をもって学んでいることで、具体的に同じイメージが共有できることになったことが大きい」と話す。

働く人の不安、不満を聴き出して

ＩＧメタルでは、米国流の運動のコンセプトを、ドイツ流に発展させた。２０２３年、オルグという組合員の勧誘方法や考え方をハンドブックにまとめた。そしてＪＡＭとの交流のため、日本語に翻訳してくれた。アンドレアス・フラッハさんは８月の来日時、「自動車のエンジンの開発部門を示すようなものだ。（ＪＡＭとの）信頼があるから成り立っている。パートナーでもあり、ときに批判的な意見も伝えながら、アイディアを提供したい」と話した。

２０２４年春も、ＪＡＭから６人がドイツに１週間行き、研修を受けた。一人ひとりに話しかけるオルグの手法も現場で見せてもらった。

ある工場では、職場委員長から意見があった。

「一人もれなく聞くために、少人数で聞くかたちはどうか」

それに対して、ＩＧメタルの担当者からはこんな返答があった。

「一人ひとりじゃないと、出てこない不安がある。少人数だとどうしても声が大きい人がでてくる。一人ひとりに聞くと断って、一対一で進めた方がいい」

フラッハさんは言う。「日本は伝統も文化もちがう。いかにして日本風にアレンジするかは大事だ。ただ、労働組合が何をやりたいかを伝えるのではなく、中心にあるべきは人間で、現場で働く人の不安、不満を聞き出してそこをテーマに課題を設定していくべきだ」

人々がちゃんと職場で尊重され、守られているか。賃金がきちんと支払われているか。そう一人ひとりが話しやすい場をつくりながら、耳を傾けていくというのだ。

世間では、ときに革新的とみられがちな労働組合だが、実は大所帯で、さまざまな意見も民主的に受け止めながら組織づくりをしているので、一度決まった方向性を変化させることに難しさを伴うときがある。それは海外も、日本も同じだ。

「変革には時間がかかる。でも、権力をめぐるバランスは、どうしても不均衡になりやすい。だからこそ経営者に対抗する試みが重要で、労働条件の改善や、ジェンダー平等といった社会的な平和をつくるために、より多くの人に共感して闘ってもらえるようにしていきたい」

IGメタルの改革の背景には、危機感があるという。「JAMにも同じ危機感があると感じるが、日本でも、ドイツででも同じで、労働組合がこれからも長期的に存続していける保障はない。享受しているときこそ、前に向けて歩を進める努力が必要だ」

JAMが年に一回開く定期大会は24年8月、東京都内のホテルでおこなわれた。アンドレアス・フラッハさんも来賓として参加するなかで、安河内賢弘会長はあいさつでこう語った。

「組織拡大・強化に向けて、魔法のような特効薬があるわけではありません。変革への情熱と勇気、そして失敗を恐れない文化をつくることが重要だとアンドレアスさんは教えてくれます。

歴史に学びながら、新しいＪＡＭ運動を創造していかなければなりません。私が望むのは、何かを変えて終わりではなく、常に新しい運動にチャレンジしていく、変革をＪＡＭの文化に変えていくことです」

「すべての働く者が結集できる組織でなければならない」

労働組合や連合をどう変えるか。それは労働組合にたずさわる多くの人にとって長くテーマになっていることだ。労働組合の関係者の間で、今も語り継がれる文書がある。２００３年９月に出され、今もネット上で公開されている「連合評価委員会最終報告」だ。

結成10年ほどたった連合で、改革機運を高めていた当時の連合会長の笹森清氏が、連合に何が必要かを外部有識者らに検討してもらうためつくった委員会だ。座長は弁護士の中坊《なかぼう》公平氏で、副座長の神野《じんの》直彦・東京大学教授ら有識者や国際団体の幹部、文筆家ら７人の委員が02年から1年半にわたってタウンミーティングなどもはさみながら、計９回の委員会を開催し、議論してつくられた。

報告書では、当時の新自由主義的な流れを「マネーゲーム化した資本主義の荒廃・ゆがみ」と批判し、「労働組合員が自分たちのために連帯するだけでなく、社会の不条理に立ち向かい、自分よりも弱い立場にある人々とともに闘うことが要請されているのである」と強調した。

この時点で、パートなど非正規労働者、若者、女性、中小地場産業労働者、サービス・ソフト産業労働者は重点的にアプローチする必要があると指摘したうえで、今後は契約労働者や個人請負業者という雇用労働者以外の労働者も包摂できる組織のあり方を模索する必要があるとも書いていた。

「労働組合は、すべての働く者が結集できる組織でなければならないし、そうであってこそ、社会における存在意義も存在感も高まるのである」と指摘。これに取り組まなければ、「限られた労働者のニーズにのみ対応した運動のみ展開していると見られる。時代遅れの組織となり、質・量ともに労働組合、労働運動の基盤が崩壊する。働く者がバラバラに孤立し、際限のない競争となり、常に不安と隣り合わせとなる。労働者は『分断され統治されて』しまう」と書いていた。

企業組合では対応できない産業構造の転換や社会変化に対応する必要があるとも記されていて、「企業別組合主義から脱却し、すべての働く者が結集できる新組織戦略を」とし、産業別組合、ナショナルセンターや地域組織の強化にむけて、人の配置や財政の配分を見直し、組織の役割分担を明確にすることを求めた。

ただ当時を知る関係者らによると、この報告書に対しては企業別組合の幹部を中心とした反発もあり、ここで訴えられた改革が十分に進まなかったとされる。その10年後の2013年にでた一般社団法人生活経済政策研究所の機関紙の特集「労働組合に未来《あした》はあるか――連合評価委員会最終報告から10年」の中にも、「連合幹部、とりわけ多くの単産幹部（企業別組合）が激しく抵抗した。『企業別組合中心主義を否定するのは現実的ではない』『そんなことを書かれても、傘下の大手企業別組合を説得できない』というのである」といった反応も書かれている。

この連合評価委員会の最終報告から20年近く、連合は2022年、連合生活開発研究所（連合総研）とともに「労働組合の未来」研究会を立ち上げ、新たな報告書をまとめた。玄田有史・東京大学社会科学研究所教授を座長に、有識者らをまじえ、約2年かけて、労組が抱える課題と処方箋について議論を重ねた。

この報告書「労働組合の『未来』を創る――理解・共感・参加を広げる16のアプローチ――」が報告された記者会見で、連合総研の中村天江主幹研究員は、この連合評価委員会報告を検討したと説明した上で、「この報告は第三者があえて建設的批判を行うことで労働組合を鼓舞するアプローチだった。批判色が強い分、反発も少なからずあったと聞いている。だが、それだけ的を射ていた面があった」と語る。

ただ当時とは時代が違う、という認識もあるという。たとえば中村主幹研究員は、当時の委員の一人が出版した本で労働組合について「労働貴族」として批判していたことをふまえ、「いまは労働組合が社会的におかれている状況も、担い手自身もかなり変化している」と指摘した。組合員への調査結果からも、日本でも共働き家庭が増える中で「男女ともに組合活動をおこなうための時間的な負担感は高くなっている」とみる。非正規で働く場合も、仕事以外に組合活動の時間を割いたり、組合費を払ったりするのが難しく、参加しづらい環境にある人もいるという。

中村主幹研究員は会見で「課題が山積していても、労働組合の現場はリソースが不足して身動きが取れなくなっている。その状況を現実的に解決するには、組合活動の前提を見直す必要があった。それが労働組合法の見直しや組合役員のクオータ制導入という制度提案につながった」と説明した。「変革したくても、過去からの積み重ねと、組合の先人（先輩）たちの思いや声の大きさから、今までのやり方を変えられないということがあるならば、それをどう乗り越えるかといった議論もあった」とも話した。

報告書で強調されたのは、調査で浮かび上がった組合の存在感の低下だ。法政大学の梅崎修教授（労働経済学・労使関係）は、連合総研の「勤労者の仕事と暮らしに関するアンケート（勤労者短観）」の2003年と、新たに2022年に問い直したものの比較分析を「批判されるより怖いこと――『勤労者短観調査』の20年の比較」としてまとめた。アンケートの回答者は組合員に限らない勤労者であるが、調査の手法は郵送からインターネットに変わった。

目立つのが、労働組合について「わからない」とする回答の多さだ。「勤め先に労働組合がありますか」という質問に対して、「わからない」と答えた人は03年は9・7％だったが、22年には21・8％と倍増した。梅崎教授はこれについて「『わからない』の多さは、職場における労働組合の存在感のなさを意味しているのではないか」と指摘した。

それは、労組の活動に満足していない様子からもうかがえる。「労働組合の活動は、組合のある企業にどのような影響を与えていると思いますか」に対しては、「何も影響を与えない」という選択肢が03年には10・2％だったが、22年には36・1％に大幅に増えた。「賃金があがる」「企業業績があがる」という選択肢は横ばいだったり、改善したりしたが、「経営に従業員の意見が反映される」は48・9％から22・1％、「人員削減に歯止めがかかる」が23・0％から9・3％、「福利厚生制度や職場環境が改善される」が53・4％から24・9％、「社内のコミュニケーションがよくなる」が11・7％から5・2％へと大幅に低下した。

回答者が、労組と距離をおく姿勢が目立った。「あなたは、労働組合は必要だと思いますか」という質問で、22年では「わからない」という選択肢をつくったところ、その割合は27・7％と大きかった。想定よりも大きい割合だったとした上で、「知識として労働組合を知らないという意味とは思えない。実際、労働組合に関心を持てないというのが、この数字が示す本音なのだ、と判断できる」と結論付けた。

梅崎教授は24年9月、連合が報告書について開いたシンポジウムで、この調査結果について、読み解きを語った。

「『労組があるかわからない』『何も影響を与えない』。そういった、その他的な答えがすごく多い。これを『無知だ、知らないのはおかしい』『無批判なのは批判精神がない』と読み解くこともできる」と指摘した上で、言った。

「でもそれであれば、超、上から目線じゃないですか。そういう言い方で、組合の運動がひろがっていくのかなというと……真摯に数字をながめれば、無知ではなく、無関心。『知ってるけど、関心ないっす』っていうことではないか。もう一つは批判じゃなくて、言っても変わらないんじゃないか、という無力感。そういうことが、この数字にあるのではないか。素朴に見てみれば、一つのメッセージではないか、と願望も含めて読み解いた」

報告書の論考ではさらに「非組合員のより大きな期待低下によって非組合員と組合員の期待格差が広がったことを踏まえると、この『無力感』は非組合員の方が相対的に大きくなったと言えよう」と言及した。

「無関心」と「無力感」

この20年、働き手をめぐる環境は、どんどん脆弱になってきた。

2004年から製造業にも派遣の仕事が広がった後の2008年秋、リーマン・ショックが起きた。その後は派遣切りや雇い止めで、雇用不安が生まれた。労働組合に入っている働き手の割合を示す推定組織率は、２００３年の19・６％から、23年の16・３％に低下した。一方で、２０１０年代は、働き方改革が進んだことに加えて、ＩＴ企業が興隆し、これまでの雇用の在り方とは異なる、「ウーバーイーツ」などその時々働ける人に仕事をしてもらいたい人や企業を結び付けるマッチングサービスも始まった。

こうした大きな社会の変化を前に、労働組合が組合員や組合員以外の社会に対しても、その思いを汲んだ活動をし、十分なメッセージを発して、存在感を示せてきていたか、ということが改めて問われているのだろう。

労働組合をめぐり、20年前にはなかった「無関心」と「無力感」が広がる。そう指摘した梅崎教授はこうも話した。

「20年前はすごい批判があった。怒りがあった。言ってみれば期待がある、ということだ。でも今は、その批判もなく、無関心になっている。でも、ここから始めないとだめだということだと思います。無関心をどう変えていくか、無力じゃないと伝えていくか、参加を促していくか」

実際、会うと労組の人たちの対面のコミュニケーション力が高いと指摘したうえで、コミュニティーデザインの観点から助言した。

「後から入りづらい、開放性がないコミュニティーをつくっているのではないか。以前、地域コミュニティーを作っている人から聞いて、参考になったのは、他人の能動性を促す、という視点だ。自分が能動的に物事を進めて、人を受動的にしてしまうのではなく、人を促すことが重要なのではないか」

報告書で浮かび上がった課題は、労働組合の現場でどう受け止められているのか。

24年11月中旬、東京都内の貸し会議室で、この報告書をめぐって、組合の執行部のメンバーが集まるワークショップが開かれた。主催したのは「j.union」（本社・東京）。労働組合の役員だった西尾力《つとむ》氏が1989年に創業した会社で、労働組合支援に特化して、教育研修や調査、組合組織のコンサルティングなどを手掛けている。連合傘下ではない労組も含めて、4700以上の組合支援にたずさわってきた。

この日も参加したのは、独立系のファミリーマートユニオンや連合傘下の労組など12組合で、専従や非専従としてかかわる20～50代の21人が参加した。いくつかのグループにわかれて参加者が話し合う場面があった。

報告書の大きなテーマとなった「労働組合に対する『無関心』『わからなさ』どう克服すればいい？」をめぐって話し合うグループ。

「自分の行動が正しい、良いと思っている人ほど、相手にどう見せるかに気を回さない。労組役員も同様で、活動の当事者として労組の取り組みを語る際に、苦労や大変さをアピールしがち。でも、もっと楽しい話をした方がいい」

ＫＤＤＩ労組副中央執行委員長の浦早苗さん（46）はそう話した。

執行部の人となりに焦点をあてて発信することで、社内で関心が高まったケースも共有された。

全国本田労働組合連合会事務局次長の水上佑輔さん（39）は、関心を広げるために出身のホンダテクノフォート労組で取り組んできた具体策について話した。

「労働組合の専門用語をなるべくやめて、（組合内のイベント活動である）レクリエーションを組フェス、部会や連絡会といった会議も組トークなど呼び方を変えて、参加のハードルを下げている。従来の組合用語がわからない執行部も出てきているが、それでも労組の機能が伝わればいい。意識しているのはブームではなく、文化をつくること」

参加者が大きくうなずいた。

別のグループは、労働組合の改革がテーマ。「新しいことをしたい、変えたい、でも労働組合では変革が難しい」が課題だ。

入社7年目で、9月に執行部に入ったばかりのエスアールエルユニオンの熊谷亮子さんは率直にこう話した。

「何かを変えたいというよりも、新しい、やってみたいことをやってみればいいのかな、と。その結果、何かが変わるのかも」

あとの参加者3人は執行部経験が5～6年と長く、一瞬言葉を失った。ただ、トランスコスモスユニオン中央執行委員長の山口潤さん（46）は改めてそれが本質だと気づかされた。

そのあとは3人によって、企業別労働組合などで、組合員の納得感が高まるように会計面の改革や、職場集会を研修の場に設定したり、変革したいことをマップに落とし込んで理解してもらったりした経験などが共有された。共通していたことがあった。

「やりたいこと、変えたいことを言語化し、ビジュアル化する。そうやって共感してもらうための仕掛けをつくることから始めた」

どうやって労働組合の価値や魅力を伝え、今の時代に活動を広げていけるのか。そのためにどんな改革が必要なのか。模索は続いている。

第13章　NPOとつながる意味

労働組合自身が変化しながら、社会と広くつながるために、カギの一つとなりそうなのが、NPOだ。活気づく米国の労働組合などでは、NPO出身者が専従職員に登用されている。さらに最近では、NPO従業員の労組も生まれ、労働運動で重要な位置も占めるようになっているという。

「とくに女性が下からの組織改革の起爆剤になってきた。幹部ではなく専従職員として採用され、そこで力を発揮している」

明治大学の山崎憲准教授はそう指摘する。

労働組合が団体交渉権を獲得するための法的要件のハードルが高い米国では、労働問題の解決をめざすNPOがある。こうしたNPO出身の人が産業別組合の専従職員としてヘッドハントされてきた。NPO出身者にとっても、労働組合のほうが雇用が安定し、賃金水準もあがるので、そのまま残るケースも多かった。そしていま、こうした人たちが労組の活性化の一翼を担っているという。

一方で、労組とのつながりが、NPO業界に与えている影響もある。山崎准教授によればNPOスタッフが、労働条件だけではなく、NPOが社会的影響力をもつ良い組織となるために、経営参画したいと、労働組合をつくるケースが増えている。2016年から団体交渉権の獲得が相次ぎ、コロナ禍の2020年以降、流れが加速しているという。

NPOスタッフ労組は、ACLUスタッフユナイテッドを組織し、上部団体のノンプロフィット（非営利）で働く従業員の労働組合（NPEU）に加盟している。このNPEUのカイラ・ブレイド会長が21年3月、労働組合の発展を促す独立行政機関である全国労働関係委員会（NLRB）の広報責任者に抜擢された。

山崎准教授は「NLRBの広報責任者は重要なポジション。労働運動の中で、NPOの存在感が増しているのだろう」とみる。

組合を通じて社会を変えたいとの思い

日本でも、NPOや、ソーシャルベンチャーなどを立ち上げた社会起業家を取材すると、自分たちの働きかけで、社会を変えたいという強い思いをもっていることが多い。同じような熱量を感じたのは、80代以上の労働組合のOBたちだった。

その一人が、元自動車総連国際局長の庵原《いおはら》和義さんだ。自動車総連で国際局長を務めた後、もともとの勤務先の東京日産で、カナダに赴任。その後、定年退職して、そのまま移住した。90歳になった今でも、遠く離れたカナダから、労働組合の英文記事を翻訳して編集し、日本に向けて発信している。

発表の場は、公益財団法人国際労働財団（JILAF）のサイトで、登録などせずとも読めるが、全米自動車労働組合（UAW）の記事などはほかのどこよりも詳しい。翻訳する記事を選び、作成するのには半日程度かけて記事の内容全体を理解し、わかりやすい文章に翻訳。その後2〜3日かけて推敲を重ねる。JILAFには半月ごとに主要な労働記事を送っている。日本で労働運動を担っている後輩たちに参考にしてほしいという思いから続けている。

連合が結成されたときの経緯にも詳しい日本女子大学名誉教授の故・高木郁朗氏、そして電機連合の組織内議員として市議、県議そして最終的には衆院議員も経験した国民民主党三重県連代表の金森正氏も、労働組合を通じて社会を変えたいという思いが強かった。いずれも、若いころから連合結成の議論が出ていて、連合が結成された1989年は50歳前後と、労働運動や労働組合の発展に深くコミットしながら、政治も含めて動かしてきた世代だ。

そうやって連合を切り拓いた世代を取材すると、当時とはまた違う時代の変化も訪れていることにも敏感で、冷静に今を見つめていることが多い。私自身が取材してきた人数もそう多くはないとは思うが、それでも、割れずに、一つのまとまりを維持するということ以外は、職場や働くということを起点に、必要な変化を遂げることを求めているのではないだろうかと感じた。

その意味で、社会を変えたい若い世代がつくるＮＰＯやソーシャル領域とかかわりを増やすことは、日本の労働組合や労働運動の活性化などにおいて意味があるのではないだろうか。

実は一部で、日本でもそういう流れはある。

「これからの労働組合は、ＮＧＯやＮＰＯで働いてきた人たちのエッセンスが必要だ」

アジアで農業指導をするＮＧＯで働いていた鈴木伸司さん（50）が、最大産業別組合ＵＡゼンセンに専従職員として転職した２００３年ごろ、幹部にそう言われた。

鈴木さんは、アジアで農業生産力の向上に貢献したいという思いをもって、東京農大で熱帯農業を学んだ。１９８０年代の浮かれた日本の雰囲気に違和感があるなかで、湾岸戦争をきっかけに世界に目が向いたからだった。卒業後の98年からは公益財団法人オイスカのバングラデシュの研修センターで技術員として働いた。

その現場に日本からのボランティアとしてやってきたのが、ＵＡゼンセンの組合員たちだった。毎年約1週間、現地住民とともに、マングローブの植林活動をおこなっていた。

「漁船にのって植林現場まで行く。ドロドロに足を突っ込み、体も泥だらけになりながら、植林活動をしていた」

わざわざバングラデシュまでそんな活動をしにくる人たちはほかにいなかった。その一人ひとりに触発された。

鈴木さんが日本に帰国したタイミングで、ゼンセンのボランティア活動担当の役員から「一緒に働かないか」と声がかかった。わざわざ大学で学んだ熱帯農業だったが、「こういう人たちと働いてみたい」という思いから、ゼンセンで勤務することにした。

「社会運動体としては、労組の方が先輩であり、NGOの活動と共通するところがある」

それ以来、連合派遣での外務省への出向もふくめて約20年働いてきた。組合のない企業で、労組を結成した後、最初は不安げだった組合員が次第に見せるようになった笑顔をみることは、海外の現場で感じたやりがいと変わらなかった。

もともと連合内では、1990年代後半、連合を英語表記すれば、「RE-NGO」とNGOをなぞらえるほど、社会運動に親和性があると思われていた。その後も、ゼンセンでは、NGOに出向した職員もいたという。

一方で、特に海外などの現場でさまざまなリスクをとりながら、思いを強く働く人が多いNGOとは、組織の大きさからも違いはある。それぞれの社会運動の良さをどうつなげていけるか。模索を続けている。

「子どもの貧困」「一人親家庭の生活苦」

労働組合の職員とNPO理事という二足の草鞋《わらじ》をはく人もいる。田畑智哉さん（32）は、大学で労働法を学び、労働組合で働きたいと考えて、新卒採用で、2017年4月からJAMの職員として働き始めた。

仕事の傍ら、18年から、子ども支援のNPO法人でもボランティアをし始めた。学生時代に子ども支援の経験があり、働き出してからも何か地域でボランティア活動をしたいと思って、ネットで探したのだ。横浜市の南端、野島をメインフィールドに、子どもと自然体験などを一緒にするNPO法人みんなの海山交流学校があった。元青少年センターの職員らが仕事外に立ち上げたもので、ボランティアをしているうちに、理事の一人にと声をかけられた。

NPO活動の一つが、月一回、横浜市睦《むつみ》地域ケアプラザで開いている横浜こども市場食堂コドイチだ。コロナのときはお弁当を配布していたが、2024年度からは食堂形式を再開し、食事や食材を提供したり、ボランティアが食後の遊び相手をしている。

食堂を共催し、子どもたちをともに見守るケアプラザの地域マネジャーに、2021年ごろ、参加している子どもの母親が解雇されたという話を聞いた。地域では、ひとり親が、不安定な労働環境や条件のもとで働かざるを得なくなっていることも少なくないという。

「そんなに簡単に解雇できないですよ。次は相談窓口につながってもらえれば」

田畑さんは、そう伝えた。でも労働組合で働いていれば当たり前のことが、世間では知られていないことを実感した。

連合にも、NPOにも了解を得て、お弁当を配布していた時期には連合の相談窓口が書いてあるシールもいれるようにした。コロナ後は、別のひとり親世帯支援の活動でも、親向けの物資に相談窓口のシールを入れるようにしている。

「シールに、気づかない人もいるかもしれない。でも、困ったとき、苦しいなと思ったとき、『あ、なんかあったな』って思ってもらえれば」

田畑さんなりのアウトリーチの手法だ。実際、どれだけの親が連絡をしたかはわからない。ただこのボランティアに来ている高校生や大学生のバイトをめぐる相談の多くは、自身の労働法の知識を伝えるだけで、解決につなげられた。

「地域の活動に、労働法の知識があったり、労働組合の人がいたりすることが大事だなって思いました」

子どもの貧困。ひとり親家庭の生活苦。若者の生きづらさ。でも仕事が安定していれば、暮らし向きは少しでも安定するはずだ。多くの社会問題は実は、労働の問題と深くつながっている。個別の問題の解決にあたるとき、働く人の労働環境や条件を改善するための知識や経験があれば、こうした問題を少しでも起きにくくすることもできるかもしれない。

ＮＰＯ側にとっても、労組とつながりを深めることは、労働問題への対処の仕方や政策提言の知見やノウハウから学ぶなど、学びがあるかもしれない。

ＮＰＯやソーシャルベンチャーは、支援対象を子ども、もしくは女性、外国人など、ある程度しぼっている一方で、労働組合は働くことを軸にもっと広いテーマを扱うことが多い。だがいずれもボトムアップで世の中を生きやすくしたいというムーブメントだ。

民間企業では、大企業とスタートアップの連携はおこなわれている。大企業にとっては、スタートアップのＩＴ分野の技術力や迅速な意思決定、柔軟な対応力など、自分たちの足らざるものを確認する場にもなっている。一方でスタートアップは、大企業のより大きなリソースを生かしたり、リスク回避をする調整力など経験から学んだりする場になるといわれる。

同じように社会運動の分野でも、双方の方向性が一致すれば、ＮＰＯと労働組合との間で、専従職員の期限を決めた人事交流などはできないだろうか。それぞれの文化の違いで、難しさもあるかもしれない。でも異なるものにふれ、そこから新たなブレークスルーが生まれるかもしれない。部分的でも両者が協業を深めることは、日本の共助の仕組みや社会インフラを厚くすることにもつながることではないだろうか。

第14章　社会でも支えるという発想

2024年11月末、明治大学の教室で、NTTやKDDIといった通信業界の組合が多く入る産業別組合「情報産業労働組合連合会（情報労連）」の組合員たちが、大学生たちに、働く体験談を話す授業がおこなわれた。同大経営学部の山下充教授のゼミ生たち約10人が参加した。

学生たち2〜3人ごとに対して、組合員が一人座って、「風通しのよい職場って具体的にどういうことですか」「どんな風に就職先を選びましたか」といった学生の質問に答えていった。

情報労連が2006年度から社会貢献活動として毎年複数の大学でおこなっている「明日知恵塾」という事業だ。独立行政法人労働政策研究・研修機構の藤村博之理事長が法政大学の教授だった時代、構想から立ちあげた。

当時、大学を卒業して就職した学生の3割が3年以内に辞めていった。学生たちが就職活動で聞く情報は、企業の伝えたい話が中心になる。そこでミスマッチが起きるのではないか。そう考えた藤村氏が、学生たちがもっと職場の実態や働き手の視点を知ってから働きだせるようにと、労働組合の人たちに働くことを軸に話してもらう場をもうけたいと考えるようになった。そうした話をしているなかで、情報労連が応えた形だ。

これまで60回以上開催し、のべ１３００人以上が受講した。藤村氏には卒業生から「あの授業があったから、働くことの表裏を知ることができた」という声がいまも届く。藤村氏は言う。「ワクチン接種と一緒。職場には課題があること、そして課題があるときの対処法も知ってから働き出せれば違う」

情報労連の運動推進局長の小田嶋亮（47）さんも冒頭の挨拶で「働きだしてから楽しいことばかりじゃない。うまくいかないこともあった。そう甘くない。でもその時手を差し伸べてくれたのが組合だった」と話した。

参加した学生たちからは「本音が聞けた」という声があがった。別の学生は「いやだったらやめればいいいと思っていた。そういうときに労組があるという考えにはなっておらず、理解が進んだ」「実際に労組の人と話してみると、労組のイメージが変わった」とも話した。

学生たちにとっての機会だけに、とどまらない効果もある。

情報労連の事業だが、損害保険労働組合連合会（損保労連）も参加することがある。参加した事務局次長の井上雄介さん（32）は「この数年入社してきた新卒の新入社員は、大学時代をコロナ禍で過ごしてきた世代であるが、今日話した学生たちは中高生のときにコロナ禍を過ごしてきた世代である。学生との交流を通じてそうした経験や価値観の違いをあらかじめ知っておくことは、さまざまな組合員の参画といった観点において、今後の労働運動や組合活動にプラスになる」と話した。

こうやって労組と大学が接点をつくり、ともに協業する取り組みもある。

米国で取材して驚いたのが、こうした社会の側に労組にかかわり、支える仕組みが幾重にもあることだった。米国ワシントンDCにあるジョージタウン大学など、複数の大学で取り組みがあったほか、さまざまな州立大学にレイバーセンターという労働政策、労働運動などの研究施設もあるという。

さまざまな労組の人たちが集まるワークショップを主催するようなレイバーノーツも存在感を放っていた。レイバーノーツは1979年から、雑誌や書籍の出版、ワークショップの開催などを通じて、労働運動を支援してきた団体だ。「官僚主義的になりがちな労働組合を、ボトムアップ型の民主的な組織に変える」(明治大学の山崎憲准教授)ため、組合員の参加型の取り組みを実践的にすすめようと活動をしてきた。「決して主流ではなかった」(米国の労働組合関係者)が、最近では、多くのメンバーがUAW(全米自動車労組)などの改革を支えた組合員であり、今のうねりを生み出す一つとなっていた。

レイバーノーツの本『職場を変える秘密のレシピ47』を和訳して、日本で出版した菅俊治弁護士は「(職場を変える秘密のレシピのように)誰にとっても実用的な方法論に落とし込んだ。それが今につながっている」と説明する。

「一人のリーダーが引っ張るのではなく、分散型で、一人ひとりの参加者に主役として語ってもらう方式が、最高の効果をもたらすという姿勢が徹底している。それまでの労組活動がアンチテーゼになっており、レイバーノーツの中心になった人たちは常に自戒している」

こうして積み重なってきたものが、米国のいまの盛り上がりにつながっているのだという。

「突発的に盛り上がっている地域もあるが、でも多くの盛り上がりは、かなり長い年月を経て、蓄積されてきた。実際に現場を見たが、ストライキやキャンペーンをやるときも、非常に計画的に準備している。誰に向けて何を打ち出すのかといった事前調査も、それに基づいて、反対されるとしたらどういうロジックかといった理論武装も周到に準備され、広報コミュニケーション力も磨いていた」

そして生まれた社会運動を記事や本として出版し、理論をつくりだし、教育してその次の運動につなげて、広げるサイクルを生み出してきたのだという。

こうした動きが勢いをもつのは、世界的な流れとして、労働組合のような中間組織が弱まっていることへの危機感も無縁ではないだろう。

市民によるロビイングの重要性を説くパリのＨＥＣのアルベルト・アレマノ教授は、著書『ロビイング・フォー・チェンジ（変化のためのロビイング）』のなかで、こう指摘する。「大企業や独占的な組織が政治や政策決定に大きな影響を持つようになっている。こうした流れから人々を守る伝統的な組織もあった。政党やメディア、伝統的な市民社会の団体、たとえば労働組合、教会やコミュニティーグループだ」「こうした中間組織が力を失ったことで、市民社会は地盤を失った。結果、政治の権力は不平等に分配されている」

背景の一つに、ＩＴの進展をあげた。ＳＮＳなどによって「それぞれの意見が増幅されることで、真に民主的な対話がおこなわれなくなる。さらに重大なことは、先入観や思いこみを利用しようとする新世代の分極志向の論者に力を与えることである」と指摘した。

市民一人ひとりが声をあげていくことは重要だ。でもＳＮＳで一人ひとりが声をあげられる良さにひっぱられ、民主的に議論し、まとまりを作るというかつて権力と対峙するためにあった民主主義の仕組みが、逆に過去のもの、既得権益側のように見られ、総体としての力が失われているというのだ。

ＩＴの進展は止めるべきものでもないし、止められるものでもない。ＩＴによって、サイレントマジョリティーの意向も可視化されやすくなっている面がある、という話も聞く。それでも、個人情報との兼ね合いで、それをサイレントマジョリティーの動向としてみることはすぐには難しいだろうし、それだけを根拠に政策決定できるかといえば、そう簡単ではないだろう。民意を受け止め、ある程度、多くが納得できるまとまりをつくるプロセスをつくる仕組みの必要性は依然ある。労組など中間組織が時代に合わせながら、役割を果たし続けるための模索は、社会にとっても必要なことだろう。

そして、いまの日本社会で労働問題に対応する受け皿が必要とされていないのかといったら、まったくそうではない。むしろ、労働問題を取材していて、当事者が自分にあった労働組合につながれば、何が問題化できるのか、どういう法的手段があるのか、次に向けてはどんな考え方が必要か、そういった伴走するような支援を受けられたのではないか。解決が早かったのではないか。また労働組合があれば、もっと経営側がもっと社員らを大切にする経営をせざるをえないのではないか、と思うことがとても多かった。

自身にとって身近ではなくても、労働組合の社会的な重要性を考えている人たちにも出会った。日本では労働組合と縁遠いスタートアップ業界、フィンテック企業で勤務する瀧俊雄さん(43)には、経済をマクロで見たときには、バランスが必要で、労働組合のように働き手側の底上げが図れる機能が大事だと考えていること、そして日本の状況を憂慮している、そんな問題意識を聞いた。

少子化対策に関わる仕事をしていた知人(41)には、「日本がいま、参考にしている北欧の少子化対策や、ジェンダー政策は、1960〜70年代に（日本の）労組が提案した政策だった。日本では何をやっていたのだろうか」と尋ねられた。社会や経済がより持続可能になるために、政策に、人への視点が十分に生かされるように動いてほしい、ということなのだろう。

ネットワークがある全国的組織

労働組合という機能は、政治的な立場にかかわらず、大多数の人に影響している社会の仕組みだ。その意味では担い手のものだけではない公器のようなものといえる。週休二日や育児休業などの導入、「カスハラ」や大企業と中小企業の取引慣行の是正といった課題提起を考えれば、非組合員も含めた社会の側も知らず知らずのうちに、実は労働組合の交渉などによって成果を享受してきているからだ。かりに本当に労働組合の機能が社会になくなったら、どうなるのか。

今はまるで水道のように当たり前のようにある存在となっていることもあって、あまり広報も報道もされていないが、大規模な社会活動をおこなえる主体としての側面もある。たとえば連合の救援ボランティアは、阪神淡路大震災で全国的に組織され、東日本大震災では、6カ月で、のべ3万5千人をだし、当時として、連合総研の中村天江主幹研究員は「単独組織からの参加としては、民間で最大だった」と指摘している。最近の能登半島地震後でも早期に態勢を築いていた。

少子高齢化が進む日本を見据えれば、連合など労働組合のナショナルセンターのように、地方まで津々浦々にネットワークがある全国的な組織は、今後いっそう貴重になるだろう。取材していると地方や地域のＮＰＯなどの共助の仕組みは、団塊の世代とその後の世代の人的厚みやゆたかさに支えられている面が大きいと感じる。私をふくめた氷河期世代は10～20年後、同じような余裕を持てなくなる可能性も高いだろう。さらに格差が広がることが懸念される時代、地域社会の共助の仕組みをどう補強していけるのかを考えたとき、今ある資源を生かしていくことが重要になるはずだ。私たちの暮らしを支える存在としての労働組合を社会の側がどう包摂したいのかも問われているのではないか。

Ⅳ　米国編——現場から

第15章　サンダース委員会

――「企業の強欲とたたかう」

米国の政治の中心都市、ワシントンDC。日本であれば永田町のような、キャピトル・ヒルと呼ばれる一角がある。国会議事堂の周囲に、白い大きな建物が連なるエリアだ。

2023年11月、木々が黄色く色づくころ、その建物群の一つである議員会館で開かれた「バーニー・サンダース委員会」とも呼ばれた公聴会は立ち見が多数出ていた。テーマは、「企業の強欲に立ち向かう：どう労組が労働者と家族たちの暮らしをよくしてきたのか」。呼ばれたのは産業別労働組合のトップたちだった。

議員が壁を背にずらりと半円状に並ぶ向かい側には、米国で代表的な産別労組である全米自動車産業別労組（UAW）のショーン・フェイン会長、そして運転手たちの産別組合である全米運輸労組チームスターズのショーン・オブライエン会長、そしてコロナ禍で働き方が大きく注目されたフライトアテンダントの労働組合のセーラ・ネルソン会長が並んだ。

UAWは1935年につくられ、自動車などの製造業で働く人たちの産業別組合で、198

0年代には日本車の米国内への輸入制限を求めたことでも知られる。委員会の約2カ月前、ゼネラルモーターズ（GM）やフォード、ステランティスなどビッグ3といわれる大手3社の大規模なストを同時に展開。これまでとは異例なかたちの労使交渉で大幅な賃上げと待遇改善を引き出して国際的にも注目された。

働き手の生活は良くならず

部屋の中央に座る委員長のバーニー・サンダース上院議員は冒頭、米国でかつてない格差が生まれている状況について言及した。

「米国の平均的な働き手の一週間の手取りは50年前より50ドル安い。食事をするのが精いっぱいの家庭がある一方で、米国の歴史のなかでも裕福な人はとても裕福になっている。大企業のCEOは平均的な働き手より350倍も稼いでいる。過去50年で、大きな富の再分配が起き、下の90％から50兆円がトップ1％にいったといわれている。どうやったら、一部ではなく全員にとってよい経済がつくれるのだろうか」と問いかけた。

向かい側に座るフェイン会長は「企業の競争、企業の強欲のために、底辺への競争を引き起こすように設計されている悪い貿易協定で、私は私たちの労働条件や基準が侵食されるのをみてきた。自分よりも低賃金の人を探すような、そんなことは私たちの国が目指していたことだったのだろうか」と訴えた。

「労働者が団結すれば、企業の強欲とたたかって勝つことはできる。労働協約に守られているのは労働者のごく一部で、多くは使用者側の意思で雇用される二級市民のように扱われている。米国のためにもっと良い状態を求めたいし、米国民のためにもっと良い状態を求めたい」

企業の強欲。働き手の生活が良くならず、むしろ悪化した一方で、経営層や幹部の暮らしは潤ってきた。そうした日々積み重なった怒りが、この間の労組の運動やストの原動力ともいえる。

この日は、珍しくスーツ姿だったフェイン会長だが、ストの間は「Eat The Rich」と挑発的なTシャツを着ていたこともある。ロックバンドのエアロスミスの曲「金持ちを食いちぎれ」の言葉だ。

どんな意味が込められていたのだろうか。UAWの組合員の一人、クリス・ヴァイオラさんは「フェイン会長の言葉を聞いた人が『フェインは金持ちをEat The Richしようとしている』と言ったことに対して、その文言が書かれているTシャツをあえて着るようになった。ユーモアで切り返したんだと思う」と振り返る。

もう一つ、フェイン会長がストの時にたびたび着ていたTシャツがある。「End Tiers」と書かれたものだ。Tier（ティア）というのは、2007年に導入された新規雇用者の待遇や給与が段階的に下げられた制度をさす。日本の非正規問題に重なる問題だ。こうした制度をやめよう、ということは、今回のストで初めて主要テーマとして取り上げられた。

ヴァイオラさんはこの制度が始まった2007年に正式に雇用された。賃金は2007年以前と同じ水準で年金も得られるが、会社が負担する医療保険は得られなかった。ヴァイオラさんの父は同じく自動車産業で長く働き、UAWメンバーだった。医療保険は父にはあったものだった。

その後、働き出した人たちには同じ仕事をしているにもかかわらず、医療保険に加えて、年金もなくなり、さらに賃金水準も引き下げられた。京都産業大学の篠原健一教授の調べによると、ビッグ3で働く人の平均的な賃金などの待遇は、2010年には2006年のピーク時から3割下がった。

ヴァイオラさんは言った。

「父の時代には、工場労働者は自分が工場で作った車に乗れた。それくらいの給与水準にあったということなんだ。それが今、周囲を見回すと、米国産車を買うのはとても無理だという人たちがいる。これから僕たちの世代の老後がどうなるか考えると、怖い」

こうした不安があるのに、ひとたび経営が上向くと、経営者は自らの報酬を引きあげ、株主の配当は潤沢におこなわれる一方、工場労働者の処遇改善は据え置かれたままだった。UAW

のストでは過去4年で、CEOらの年収が4割増えたと強調され、組合員の怒りに火をつけた。ストでは、CEOと同じように、働き手も次の4年半で4割増やすことを要求した。

フェイン会長自身は、エンジニアだが、会長に選ばれるまでの代表選の選挙期間、そして選挙後も、現場の工場に行き、不満をいだく働き手の声に耳を傾け、対話を続けていた。フェイン会長を陰で支えてきた、ボブ・キング元会長は「現場の怒りとフラストレーションを理解し、経営側との交渉のテーブルでも、現場の思いをうまく代弁できた」と振り返る。

かつてUAWは働き手の暮らしを向上させ、分厚い中間層をつくるエンジンだった。公的な医療保険のない米国にあって、UAWが団体交渉を通じ、会社負担による医療保険や生活費手当などを獲得してきたことはその一例だ。体をはって自動車産業で働く人々への保障は手厚く、UAWの組合員だったヴァイオラさんの父の医療保険で、その配偶者である母が病気になったときも医療費が全額カバーされたという。

社会的に公正かどうか

一度上がった生活水準を引き下げるのは難しく、1980年以降の自動車産業の不振で工場が閉鎖されても、2007年までは給与などの待遇は引き下がらなかった。それが経営悪化に導いたという組合への不信も社会には、根強くある。

待遇引き下げは行われたものの、新規雇用者に偏った側面があった。

「同じ仕事をしたのに、『帰りに飲みに行くか』と言っても、所得が違うと同じ店で飲めない場合だってある。おかしいでしょ」

ヴァイオラさんはそう首を振った。社会的に公正かどうか、ということも労働組合の活動の主要テーマになる。

同じ仕事をしている仲間が働き出した時期によって待遇が引き下げられることには、実はその当時からも反対の声はあったが、当時の労組は受け入れた。退職者でいまも組合活動にかかわるマーサ・グレバットさん（66）は「ティアは労働者の分断を生み、連帯を阻んだ」と振り返った。

UAWの組合員は最盛期の1979年に150万人強いたが、2022年には約38万人に落ち込んでいる。設立当時は、自動車産業、航空産業、農業機器産業といった製造業で働く人の産業別組合だったが、今ではそれにかかわらず、大学などさまざまな雇用の働き手も含めている。

日本よりも団体交渉ができる労働組合を作るには法的なハードルが高いという事情があるものの、米国全体で組合の組織率は、日本よりずっと低い10％。民間企業にしぼった場合は6％台だ。

サンダース上院議員は委員会で、こうした非組合員にどうはたらきかけるのかについても尋ねた。フェイン会長は言った。

「オルグを死ぬほどやります。ただ、よい合意を取り付けられ、基準をつくれれば、みな同じ成功を一緒に分かち合いたいと思うようになるのです。それが私の祖父を含め、30年代から60年代までの人々の暮らしを変えてきた。この間（のUAWのストライキなどで）何千人ものまだ組合がない工場の労働者たちから参加したい、と連絡がきました。だからその人たちから働きかけていきます」

一方で、労働組合に批判的な立場からも意見があった。ワシントンDCにある保守系シンクタンクのヘリテージ財団のエネルギー・気候・環境センターディレクターで、ジョージワシントン大の非常勤講師ダイアナ・ロス氏も呼ばれて、なぜ労働者が労働組合に参加しないのかという見解を求められた。

「国会議員の中には新しい法案を通じて、米国民を労働組合に入るようにしている人もいますが、組合員が減少している理由は、組合が組織として腐敗し、それが蔓延しているからです。アメリカ人はそういうのが嫌いなんです」と痛烈に批判し、過去のUAWやチームスターズも含めて組合内部であった汚職の問題を指摘した。また組合が運営した年金制度が破綻し、公的資金が注入された問題があったことも強調した。

「労働者家庭の多くは、もう破綻している年金制度にお金をいれたくないのです。私たちはすでに競争がある経済で、労働者にとってはたくさんの選択肢があり、こうやって壊れた年金制度にお金を払うように仕向けられる理由はありません。労働者は組合幹部を信頼できませんし、UAWの新しい労働協約は評価できません」

ただ、この日はこの意見表明の場が与えられるのみで、聞き置かれるだけだった。

この日のサンダース委員会は、チームスターズの幹部と議員の一人が委員会の場でけんか腰に対立し、サンダース議員が諫《いさ》める場面の動画がSNSで出回り、話題になった。委員会のあった夜、ワシントンDCで会った40代の女性は「あの動画は、職場でも話題だった」と笑った。一方で、労組について「労組へのこうした関心はこれまでなかった。長く、人々は抑圧されてきたが、声をあげていいんだ、と気づきが生まれている。とても良いことだと思う」と話した。

サンダース議員は公聴会後、X（旧ツイッター）に「もっと議論の本質を報じてほしい」と動画で訴えた後、こう書き込んだ。「強い中間層をつくるには、私たちは企業の強欲に立ち向かい、組合活動を発展しなければならないということを明確に示してくれた」

第16章　中間層をつくるために

市場経済を重視し、労働組合に厳しいとされてきた米国で、労働組合回帰への変化を印象付けた政府の報告書がある。米財務省が2023年夏、初めて出した「労働組合と中間層」だ。資本主義がすすみ、格差が広がるなかで、かつてあった分厚い中間層が失われている。そんな危機感のなかで、あらためて中間層を再構築するために労働組合が必要だと注目が集まっているのだ。

報告書にちなんで、ワシントンＤＣの経済政策研究所が23年秋、オンラインセミナーを開いた。報告書の著者の一人であるミクロ経済担当次官補代理ローラ・ファイブソン氏は、「労組を強化し、組織率を高めることは、幅広い経済成長とレジリエンスを育む」と強調した。労働組合のはたらきかけで賃上げが進み、働き手の手元に賃金が十分にあれば、個人消費が活性化し、経済発展につながるという考え方が背景にある。

報告書は、労組に入る働き手が減る中で、大企業のＣＥＯと一般従業員が得る報酬の格差が、この56年で20倍になり、不平等が広がっていると指摘した。一方で、労組があれば組合員の賃金が10〜15%引き上げられると指摘。賃金の平等化を推進することで、人種や性別による格差を抑える可能性があるとも強調した。

政策的には、バイデン政権では、労働者が団結しやすくするための団結権保護法や、地方公務員に団体交渉権を広げる公共部門交渉自由化法の立法の検討などを進めているとも記した。

主流派経済学者による理論的支え

バイデン大統領は、大統領選キャンペーン中から、労働組合の活性化を公約に掲げて、途中まで戦った2024年の大統領選でもUAWのストライキに一緒に並ぶなど「史上最も労働組合寄りの大統領」をうたってきた。21年4月には大統領令で、「労働者の組織化とエンパワーメントに関するホワイトハウス・タスクフォース」(議長・ハリス副大統領)を設置した。このタスクフォースが出した提言で、財務省に対して中間層形成に労組が与える影響について調査することを盛り込んでおり、先の報告書はこの一環でつくられた。

こうした動きには、政治的思惑がないとはいえないかもしれない。バイデン大統領の前任のトランプ大統領が2016年の大統領選で勝利したのはかつて民主党の岩盤といわれてきた自動車工場などが多くあり、労働者の多いミシガン州などの票田を奪ったからとされる。かつての民主党の地盤を取り戻したい、という考え方はあるだろう。

ただ労組への関心の高まりには、理論的な支えがある。

米クリントン政権で財務長官を務めたハーバード大のローレンス・サマーズ教授が、労働組合の重要性に踏み込んで書いたのは2020年だった。財務長官時代は、自由貿易を重んじ金融業界の規制緩和を進め、2008年のリーマン・ショックにつながったとの批判もある人物なだけに、法政大学の山田久教授は「主流派の経済学者であるサマーズが言い出すとは」と驚いた。

サマーズは2020年の共同論文で「各先進国が（より安い労働力を見いだす）グローバリゼーションや技術革新による影響を受けたが、米国のように労組の組織率がより低下した国の方が、（もうけを人件費に回す）労働分配率が下がり、所得の不平等が広がっている」と指摘。背景には「労組の力をそぐ政策や株主の利益に偏重する経営」があるとした。

連合に相当するナショナルセンターの米労働総同盟・産別会議（AFL－CIO）は、ホームページのトップページに、経営者の報酬額を掲載し、働き手の給与は削減するなかで、経営者の給与が上がっていることを示している。2022年にはCEOの報酬は1670万ドルで、歴代で2番目に高かった。一方、CEOと働き手の給与の比較では、2022年は272対1。物価高なこともあり、働き手の実質的な手取りは2年連続で下がり、前年より1・6％低かった。

産業・地域ごとに報酬を見られる一覧ものせ、アップルやズームといったIT企業やブラックストーンなど金融業の経営者の報酬が一覧にされ、働き手の給与との比較もある。データを示すことで、働き手の問題意識や怒りに火をつけようとしている。

日本よりはるかに激しく労使が対立し、労働組合ができた事業所を閉鎖するようなことまである米国。労働組合が団体交渉権を獲得するための法的要件のハードルが高い米国にあっても、労組をつくったり、入ったりしようとする人は増えている。

米労働省によると、2022年の組合員数は5年ぶりに増え、1428万5千人。前年比27万3千人(1・9%)増だった。ただ分母となる雇用者も530万人(3・9%)増えて、組織率自体は10・1%と過去最低だった。

従業員投票を開くための申請件数も増えており、全米労働関係委員会NLRBによると、2022年度は前年度より53・2%増えて2511件、2023年度も2594件だった。

ギャラップ社の世論調査(2022年)では、労組を支持する人の割合は、1965年の水準である71%まで上昇した。2009年に48%まで落ち込んでから上向いてきているという。

2023年秋から冬にかけて、米国で労働組合を取材していた時、現役、OBや研究者も含めて誰もが「こんなに盛り上がることになるとは」「今までにない、間違いなく上げ潮基調だ」

と興奮気味だった。

この盛り上がりが持続するかは見通せない面もある。海外の労組の動向に詳しい立教大の首藤若菜教授は「組合運動が盛り上がってきていることは期待したいが、花火のように打ちあがり、消えてしまうことは過去にも何度もあった。米国は日本よりはるかに敵対的な労使関係で、労組を結成した事業所を企業が閉鎖することすらある。継続して運動として地道に積み上げていけるのかが重要だ。今後、米国の盛り上がりが地に足のついた活動になっていくかを注視しないといけない」とも話す。

こうした動きは、米国だけではない。米国と並んで日本が経済政策を参考にすることが多いドイツでも同じような流れがあった。

ドイツでも2014年に労働協約が組合員以外に広く適用されるよう条件を緩和。組合費の税制優遇など労組を強化する政策提案がでている。

独立行政法人労働政策研究・研修機構の山本陽大主任研究員によれば「団体交渉や労働協約により労働条件などを決めてきた伝統のあるドイツでは、DXなどで雇用の在り方が大きく変化するなかでも、労働組合こそが使用者団体との交渉・妥協を通じて適切・妥当な解決を見出すことのできる存在として捉えられている」からだという。

第17章　ボトムアップからの改革は？
——全米自動車労働組合（UAW）の変化

第15章で書いた米議会のサンダース委員会に戻る。この日の委員会では、サンダース上院議員だけではなく、同じテーブルに座るほかの議員も次々と組合幹部らに質問を重ねた。

その一人、ティナ・スミス上院議員はじっと見ながらフェイン会長に尋ねた。

「米国経済では、ずっとこうした構図がありました。いまここにきて、なぜこう盛り上がっているのだと思いますか」

フェイン会長は答えた。

「私たちは一部の人に凶悪犯かのようなラベルを貼られがちですが、この点は明確にしておきたいと思っています。私たちは、ビジネスは成功してほしいと思っているのです。ビジネスが成功しなければ、私たちにとってもいいことがない。でも、ビジネスが、労働者だけを犠牲にするようなかたちで成功するのは違うのではないか。世界でもこの米国でも起きていると思いますが、いまお金持ちと労働者の間には巨大な溝が生まれていて、世界も、私たちも、組合員も非組合員も腹が立っているのです」

そのうえで、常にこうした問題意識を共有してたたかうため、歴代の執行部にはなかったほど組合員との透明性の高いコミュニケーションをはかり、毎週、組合員と世界に向けて発信を続けたことを説明した。

スミス上院議員はこう重ねて聞いた。

「あなたの組合員との関係性はとても強いと感じられました。トップダウンではなく、草の根の活動から始まったんですよね」

フェイン会長は答えた。

「はいそうです。組合員が主導しています。私が会長になったとき、トップダウンで皆を統率するのではなく、本来の労働組合があるべき、組合員主導にしたいと思いました」

きっかけは元幹部の汚職事件

フェイン会長は、全米自動車労組（UAW）で2023年3月、全組合員が投票する代表選が初めておこなわれて選ばれた会長だ。それまでの会長は代議員で選ばれてきた。

こうした選挙がおこなわれたのは、UAWの元幹部による汚職事件がきっかけだった。前会長2人を含む幹部ら10人以上が逮捕、収監されるなどの汚職問題があり、米司法省からの再発防止策としてこうした選挙をおこなうよう指導されたのだ。

一方で、こうした全組合員が投票する代表選挙を求める声は、労組内部からもあった。もともとアメリカの労組では、コーカスというグループのような仕組みが労組の中にあり、そうした場で声がまとまっていったのだ。

UAWには昔から革新派の動きがあったといわれるが、汚職事件などをきっかけに、労組改革を求める草の根の動きが強まって、2019年、民主化しようとするグループ「Unite All Wokers for Democracy（UAWD：民主化のためのすべての労働者の結集を）」が立ち上がった。

労組は、革新的な発信をしているとみられがちだが、大きな人数を束ねるがゆえに、実はともすれば保守的な組織運営に陥りがちだ。その組合の組織の民主化をするというのが、考えの基本にある。UAWDのメンバー数は500人程度と決して多いわけではない。でもUAW本体が汚職で揺れる混乱期に、確実に変化を求めている人たちが組織化されていて、改革の後押しになった。

UAWDに次第に参加するようになったのが第15章のクリス・ヴァイオラさんだ。GMで働く一人として、2019年のGMのストライキに参加した。当時からティアの廃止は要求項目に上がったが、ストライキの結果でも十分な成果を出せなかった。自分も医療保険はないが、年金もなかったり、賃金も引き下げられている同僚から、「ストライキに参加して裏切られたという思いだ」という声を聞いた。組合のなかで「何かやらないといけない」との思いを持つようになっていたという。ちょうど米大統領選で、民主党候補の予備選に出たサンダース氏の支援をしていたことも、こうした活動に参加する後押しになった。

全組合員投票は、UAWDも旗をふったことだった。クリスさん自身も進めるべきだという考えがあって、会議の場などで主張していたという。

「なぜ大統領を選べるのに、組合員としてUAWの代表は選べないんだろう」

司法省からの再発防止策として、代表選挙が提示され、UAWDは、この選挙にでる改革派の候補者たちの推薦にかかわった。

選挙の投票率は、10%台にとどまった。それでも新執行部の体制は14人中7人が改革派支持で、1人が中立派になった。

国民の7割がストを支持

新体制のもと、ストライキの手法も大きく変わった。4年に一度の労働協約の改定では、従来はフォード、GM、ステランティスといったビッグ3の一社が、一斉にストライキをすることが一般的だった。だが今回は、ビッグ3の主力工場で、ストを展開。要求が通ればストライキを緩和し、他社との交渉の圧力にした。かつてなく緊張感が生まれたという。要求項目も、

2007年に始まったティアの制度廃止を重要項目に引き上げ、過去4年にCEOらの年収が伸びたなら同じ期間で同じだけの賃上げを要求した結果、4年半で25％の賃上げを得た。一週間の労働時間を40時間ではなく、32時間（週休3日）も主張した。

米国の世論調査では国民の7割がUAWのストライキを支持した。

その後、米国内にある日本、韓国、ドイツ企業でも工場労働者たちの賃金を飛躍的に上げざるをえなくなった。

ボブ・キングUAW元会長によると、米国では労組について二つの考えがあるという。「労働協約のみが責任だという考え方で、『パンとバターのユニオニズム』。もう一つは『社会正義のユニオニズム』。（労働協約でカバーされない）労働者全体をみて、さらにはその労働者が住むコミュニティー、学校、環境に問題がないかまで責任を負う考え方です。私自身は社会正義のユニオニズムを信じていて、それが戻ってきていることがうれしいです」

UAWは1960年代は、公民権運動や女性運動などにも力を入れてきた歴史もあった。米国の代表的な産業別組合の変化の波は、ほかの労組にも及んだ。互いに一緒の現場で立って支援、支持を示した。

しかし日本では、労働組合が課題ある社会構造の一端を担い、「既得権益」側だからもうだめだ、とすぐにほかの新しい枠組みを模索する動きも生まれがちだ。なぜ、ここで改めて労組に立ち戻ったのかを尋ねた。

2023年11月中旬、デトロイト市内で開かれていたUAWの支援するカジノで働く人たちが初めておこなったストのピケットライン。これに参加するために、車を走らせるクリス・ヴァイオラさんに尋ねると、一瞬考え込んでからこう答えてくれた。

「たしかに何十年も十分にやってこなかった労組に失望する面はあった。でもなぜかまだ道があると思ったんだよね。そしてそう思えて良かったと今は思っている」

翌日、同じ質問を、UAWDを立ち上げた一人であるジェシー・ケリーさんにも尋ねた。アイメイクにも力を入れて、おしゃれに気を遣っている雰囲気の女性だ。早口で、みずからの境遇を教えてくれた。

母子家庭で育ち、大学進学はかなわなかった。20歳でひとり親として出産。派遣経験もふくめて、長年自動車産業で働いてきた。

「もうたくさん。同じことが子どもに引き継がれないようにしたい。それをどう変えようかと考えたとき、労働組合しかなかった。それがいま『使えない』と思うなら、改革したいと思った」

フェイン会長自身にも改革について取材で尋ねる機会があった。

「いま、私を含めた（組合活動の）改革者たちが、何年も、何十年もやってきたことが結実している。道のりはまだ長いが、私たちは正しい道を歩んでいる。もっと広げていきたい」

UAWが参考にした労組改革の一つが、近接するイリノイ州にある、全米で最も古い教職員組合であるシカゴ教職員組合だったといわれる。いまの米国の労働運動の復活の先駆けともいわれる労組だ。次章でくわしくみていきたい。

第18章　伝統的労組の変化
——シカゴ教職員組合の「歴史的」転換点

シカゴ市内の公立幼稚園から高校までの子どもたちを教える教職員らがつくるシカゴ教職員組合（CTU）が25年ぶりにストライキをおこなったのは、２０１２年のことだった。いままでも「歴史的だった」といわれるそのストライキは、全米で最も古い教組の歴史の中でも一つの転換点だった。

「学校の教職員がストをすることは、学校が閉鎖されることを意味する。子どもたちも行き場を失い、親も働けなくなる可能性もある。社会をマヒさせる可能性があるの」

真っ赤なジャケットを着たモニーク・レドー・スミス氏は、CTUの会議室の一室で、そう話した。シカゴ教組は、公立幼稚園から高校まで働く教員、ソーシャルワーカー、臨床医、言語聴覚士、教員助手らによって組織されている。

「それでも保護者達から『がんばって』と応援してもらえた。そのストライキが私たち教員の待遇のためだけではなく、自分の子どもたちのためになることだってわかってもらえるようになっていたから。だからストライキを打てた」

日本よりさかんにストライキを打っているように見えるアメリカでも、ストライキを躊躇するきらいはあった。特に2012年は、今のように労組への支持率が高かったわけではない。ギャラップの世論調査で、リーマン・ショック後の2009年、待遇維持を重視してきたとみられた労組に対して逆風が吹き、5割を切ったあとのことだった。

公益のためにたたかう存在

シカゴでは、どのようにして理解が進んだのか。

公立高校の公民科教師だったCTUのジャクソン・ポター副会長は「リーマン・ショック前後、労組も非難にさらされたが、こうした攻撃と効果的に対応するためにも、他団体とつながることが重要だと思うようになった」と話した。地域の社会運動とつながり、労組自身が、社会課題の解決に向き合った。「教えるという私たちの仕事を遂行するためにも、子どもたちを取り残さず、学べる環境を作りたい」。そうした動きが保護者の理解を生んでいったという。

こうして、公益のためにたたかう存在として自らを位置づけるようになったことが、大きな転換点になったという。「他団体との支援と連帯で、ほかの人たちの要求にも気づかされました。こうしたプロセスを通じて、健康保険と賃上げを要求するだけではなく、社会的な公正さを追求するという意味で、労組としてのアイデンティティーを広げました。いまも何ができるか考えるきっかけになっている」

どうやって社会運動とつながっていったのか。まず、2000年代初頭のシカゴの街の再開発の話にさかのぼりたい。

きっかけは公立学校の閉校

米中西部に位置するシカゴは、米国のほぼ中央に位置することから、東西の物流の結節点で、展覧会などが開かれたりする都市だ。ミシガン湖岸に接する摩天楼など古くからの建造物も有名で、ニューヨーク、ロサンゼルスに次ぐ、第三の都市。人口は約270万人で、その半数以上は、白人以外だ。

1900年代、南部に住んでいた黒人が多く移り住むようになり、その後南米やアジアからの移民が加わった。街の中心部を中心に、異なる文化背景のある人々ごとに暮らし、円を描くようにその外側に白人が住む地域があるという。実際に、中心部の住宅街に取材に訪れると、インドから約20年前に米国に来たというタクシーの運転手さんが「ここは黒人の暮らす地域、ここは中国人とラティーノの地域」と説明してくれた。

だが、こうした中心部は地価が下がりがちだった。対策として、シカゴ市が2000年代初頭に進めようとした都市の再開発が、公立学校を閉校し、チャータースクールを導入することだった。チャータースクールとは、親や教員、地域団体など民間が、従来の公立校では、学力面など、改善が期待できない子どもの教育問題に取り組むため、州や学区の認可を受けてもうけられる初等中等学校のことだ。公費で運営されるが、州の法令などの適用が免除され、公立校とは異なる方針で教育ができる。教員免許をもたない教員の任用を認める州もある。今回、対象になった多くが、黒人が多く住む地域だった。

地域からは、多くの批判の声があがった。学校の方針によっては、子どもが高等教育を受けられなくなるのでは。そして、子どもの教育のために引っ越さざるを得なくなるのでは。そんな不安が広がったのだ。こうして黒人の世帯が立ち退けば、中心部の再開発を進められるという戦略とみられ、公立校の閉校が伝えられると、保護者や地域住民の一部が、学校前でハンガーストライキに打って出た。こうした活動に、労組の組合員である教員たちの一部も参加していった。

組合員のこうした現場で地域と活動した体験がＣＴＵにも変化をもたらした。運動の参加者らが労組内でコーカスをつくり、２０１０年に当時の組合執行部に選挙を挑み、新執行部がつくられた。コーカスとは、労働組合のなかで独自に作られる組合員の組織だ。結社の自由が組合員にも保障され、組合のなかで役員選挙の運動体などになっているのだ。そうして新執行部のもと、25年ぶりのストライキにもつながったのだ。

当時からシカゴの格差は大きかったといい、子どもたちを支援するNGOなどの中間団体が複数あった。もともと社会運動がさかんだったシカゴでは、こうした子どもたちの教育、住まいなどさまざまな課題を解決しようとする団体がつながって連合体をつくり、「草の根の教育運動」という社会運動も生まれていた。ただときにネックになっていたのが、学校や行政とのかかわりだった。

CTUは、ここのかかわりを深めた。CTUが市と結ぶ、労働協約の改定は4年ごとだ。2016年の改定時、提案されたのが、地域団体と連携しながら、地域の大人も支援する「サステナブル・コミュニティー・スクール（持続可能なコミュニティースクール、SCS）」という枠組みをつくることだった。

地域活性化のために学校を閉校するのではなく、学校を核にして、他団体とともに、子どもだけではなく、地域住民も支援して、地域を再生する。そんな学校としてSCSを掲げた。理念を具体化しようとしたのだ。

「保護者用の朝ごはんもあります」

当時の交渉に責任者としてあたったのは、現在はCTUで副会長をつとめるジャクソン・ポター氏だ。各団体の担当者とやりとりを重ねながら、課題や伝えたいアイディアがないかを確認していった。

異例なことだが、労使交渉の場にも、市民団体も参加した。

「市は非常に怒っていました。交渉の場に、労組の組合員以外がはいれば、議論や決定の過程が、世間にさらされます。教員と保護者が一緒になって立ち上がるのは怖かったようです」

でもこうして勝ち取ったSCSが2023年秋時点で、シカゴ市内に20あった。地域には開かれつつも、コミュニティー外の人間が入るにはセキュリティーチェックが厳しく、取材の許可は間に合わなかった。ただ、外からでも見てみるといい、と言ってもらい、そのいくつかをめぐってみた。

学校の外の掲示物を見てみると、「保護者用の朝ごはんもあります」「大人のための教室もあります」。子どもたち向けだけではなく、地域の公民館やカルチャーセンターのように、大人向けにもいろいろな教室や催しを開いていた。保護者以外の子どものいない大人に向けてもある。

ラテン系のコミュニティーにある小学校の一つには、「もし収監経験があなたの次の人生に影響しているのであれば、一緒に話し合いましょう」と連絡先の書かれたポスターが貼られていた。地域に収監経験がある大人がいる前提なのだろう。

そこからさらに南に進んだ地域で、小学校を見学しようとタクシーを降りたとき、運転手さんが後から追いかけてきてくれた。

「この辺は麻薬中毒の人が多い。身ぐるみはがされるような犯罪が起きています。後ろからついていています」

ほかの地域と比べて、物音ひとつせず、静かで、人が歩いている様子もほとんどなかった。ただ学校の敷地に隣接する公園と学校の間の柵の下に、空になったビール缶が落ちていた。

市中心部から車で約30分。ヒスパニック系と中国系の移民が多く住む地域の小学校は、敷地内にある遊具が開放されており、そこで子どもたちと姪を遊ばせていた30代の女性が、取材を受けてくれた。両親はメキシコ出身で、小さい頃、カリフォルニア州から、シカゴに移住し、シカゴ市内の学校で教育を受けてきた。

子育てしながら精いっぱい仕事をこなす日々。そんななかで、3年前、交通事故で母を亡くし、自身もけがを負った。学校の先生から電話がかかってきた。「大丈夫？」「お金は足りている？」。子どものことを気にかけてくれ、食べ物も提供してくれた。

学校が暮らしまで気遣ってくれるとは、考えてもみなかった。

子どもたちの楽しそうな声が響き、ベビーカーには6カ月の子どもがおとなしく座っている。そんな穏やかな日曜の夕方、学校の校舎を見上げながらこういった。

「学校が心配してくれるなんて驚いた。でもあれで、わたし自身の学校との関わり方が変わった」

　学校ではアートやズンバ（フィットネスプログラム）など、さまざまな保護者向けの講座も開かれている。事故をきっかけに、裁縫講座を受けた。

　保護者が生活に合わせて学べるよう、朝や夕方などさまざまな時間帯に開かれている。

「ここまでやってくれると、やれない言い訳ができないです」

　日本で子ども政策の現場を取材していると、「家庭の力が弱まっている」と話す教育関係者が一定数いた。高度経済成長期と異なり、家庭自体に経済的にも余裕がなくなり、核家族そして共働き、場合によってはシングルペアレントも増え、余裕がなくなっていることは事実だろう。とはいえ、学校も余裕がない。すべてを引き受けられない分、地域の力を借りる、という考え方も出てきていた。ただ、余裕がある人がいる地域ばかりではないのも実情だ。

　シカゴの場合は、行政側にある学校や教員を手厚くすることで、地域も、子どもも支援する流れを作り出していた。ＣＴＵのポター副会長は言う。

「子どもの学ぶ力に大きく影響する問題を解決するためには、暴力、貧困といった根源的な問題を指摘する必要性があると気づかされました」

　現場の教員たちはこう思い悩む声があった。

「家がない子どもに、『宿題をやってきたの？』とは言えない」

これを子どもの問題、家庭の問題とせずに、教職員がちゃんと教えられない、という問題として引き受けた。学校から見える社会問題として提起する一方、学校としてもできる手立てが考えられていた。学校で朝食などを準備することもその一つだ。SCSで働く教員の一人は「学校の中に食べ物があって、子どもたちに『おなか空いていない?』と尋ねて食べさせられる状況が重要だ」と話す。

SCSで、最も重視しているのは、学校教育のカリキュラムだ。それぞれの地域に即した内容を地域の人とともにつくりあげている。地域に応じて、植民地支配前のアフリカやラテンの文化などを学んだり、地域の人にも参加してもらい、ときに生き証人として近現代の話を語ってもらったりしている。移民が多い地域では、英語が母語ではない子どもや保護者も多い。その場合は英語教育に加えて、母語にも目配りする。地域によってニーズが異なる。

キャリア教育も今ある職業を念頭に置きつつも、今の時代は今後まったく想定していない仕事がでてくるかもしれないことにも目配りする必要がある。生き抜くために、情報を集め、読み解き、そして議論して伝えるといった批判的思考を育てることに重きを置いている。

地域のニーズにあわせながら自由にカリキュラムを作りつつ、発達段階に応じた教育になっているかどうかをしっかりみているという。

SCSを通じて、「また自身が学びたくなった」「新しい人生を与えられた」。そう言いだして、学校に行き直す保護者もでてきているという。

　SCSは慈善的に見える活動だが、抜本的な改革を伴うものだ。スミスさんはこう振り返った。

「まずは地域に謝罪することから始めた。今まで労働組合としてやってきたつもりだったけど、できていないから問題が解決していない。地域にとっては、労働組合が構造的な暴力に加担する側にいた。真摯に向き合って、謝罪していくことからしか信頼関係は生まれなかった」

　そしてもう一つの点を強調した。

「こういうプロジェクトは、だいたい学校が主体となって、地域の団体に力を借りるということになる。学校が決定し、地域にお願いする立場であることが多い。でもSCSではあくまでも、学校と地域は対等。学校が、権限を手放すことが重要だった」

　予算配分の権限についても学校だけではなく、地域の団体も等しくもつようにした。

　スミスさんは「学校というものは変化よりも維持を重視し、校長を軸にトップダウンで物事が決まりがち。でも一緒にやるなら権限を分け合わなくてはいけません。学校自体を変化させるのがSCSなんです」。

2万人の子どもがホームレス状態

ＣＴＵの次なる目標は、子どもたちの住まいの提供だ。

ＣＴＵによると、ホームレス状態にある子どもたちが全児童生徒の6％にあたる約2万人いる。実際、シカゴの街を歩くと、公園などにたくさんのテントがあった。子どもの場合はホームレス状態にあるといっても、必ずしも路上ということではなく、たとえば知人宅を転々としたり、シェルターで暮らしていたり、車中泊をしたり、と暮らしが定まらない状況があるのだという。多くは黒人だが、移民の子どもたちも増えているという。

安定して住める場がない状態であると、十分な休養や栄養もとれない状況は生まれやすい。こうした環境におかれた子どもたちは、生活態度の面からみても課題が多かった。

だから2019年の労働協約改定時に、ホームレス状態にある子どもたちに住まいの提供を要求した。

もともと、ポター副会長が労組内で提案した時には、革新的なＣＴＵにあっても、「そんな要求は聞いたことがない」「勝てないよ」といった声が多かった。でも「可能なことだけではなく、不可能だと思っても要求事項に入れることで学校で起きている問題を提起し、考え方を改めさせて、新しいモデルを作ることにつながる」と説得した。最終的には優先順位は低めでも、要求事項に入った。

潮目が変わったのは、当時の市長が「(そのテーマは)労働協約に適切ではない」と発言したことだったという。発言が報道されると、多くの人が「子どものホームレスの問題が『適切ではない』とはなにごとか」と怒った。世論とメディアの反応をみて、組合の人たちも「これならたたかえる」と感じるようになっていったという。

そのときの交渉では、結局、住宅を提供することにはつなげられなかった。

それでも子どものくらしの貧困の問題がテーマとなって、実現できたことがあった。その一つが、全学校に看護師とソーシャルワーカーが配置できるようになったことだ。医療面や子どもたちの感情やトラウマを受け止めることを専門としていない教員の負担は、減らせることになった。

また学校に、ホームレスの子どもたちの担当がつくられた。食事をとれているか、住まいの支援がえられているか、引っ越した場合には次の学校に転入できているかをみていく担当だ。

この要求に着想を得たボストンの教職員組合が2023年、4千軒の住まいの提供を実現させた。ポター会長は23年秋の取材時、「やればできる」と目を輝かせ、次の要求事項でも入れたい考えだった。

とはいえ、こうしたことの多くは地域団体と行政がうまくつながれば、それだけでも機能する気もした。なぜ労組として、やる意義があったのか。

ポター副会長は言う。

「労働協約に落とし込むと、象徴的に価値があるだけではなく、実用面でも有効です。（ときに変わり得る）政治家の発言だけに頼ることなく、実際に書面になっているので、それをベースに実行する手段になる。実現できたのは書面の労働協約があったから」

地域団体と、行政機関や政治家という立場の違いでは、力関係が生じてしまいがちだ。そこに、対等な関係を生み出しやすい労組の仕組みを用いることで、地域の声を反映しやすくなる、ということなのだろう。

ほかの地域の労働組合との切磋琢磨も、もたらしている効果のひとつといえるだろう。シカゴとボストンの教職員組合の住宅の提供の要求にみたとおりだ。労働組合の機能として、横の連携があり、相乗効果で要求を高めたり、交渉しやすくしたりできることがある。

そもそもポター副会長が、もともと住まいの提供を思いついたきっかけは、その前にロサンゼルスの教職員組合が労働協約の要求事項に掲げた緑化だったという。校庭に自然をもっと増やしたり、ソーラー発電を手掛けられるように子どもたちにプログラミングを教えたりするための要求だ。

「より良い賃金」とは別の目標

一方で、こうした地域間の連携は強まっている。教職の全国的な労働組合の組織は二つあるが、連携や指導はないという。

労働組合同士で切磋琢磨しているとはいえ、要求事項はかなり独創的だ。ポター副会長は言った。

「前例のない要求を考えるとき、私たちの常識が試されている面があります。多くの先生は経験したこと、予見可能性があること、日常的に起きていることをベースに物事を考えます。でも多くの人により大きな夢を見てもらうようにすることが、新しい可能性を生み出すことにつながります」

労働組合の幹部として、学校現場を訪問し、組合員である教師たちと話すときの具体的な手法を教えてもらった。

「『次の要求事項、何がいい？』と尋ねれば、『より良い賃金』といわれるでしょう。でも、もし私が『学校の校舎や設備はどう？　問題ない？』と尋ねれば『ここが古くてね』と答えてくる。それを要求していけばいいのです。教員たちが教室で日々経験していることを突き詰めて考えてもらい、もっと広い目標を設定することが重要です」

ポター副会長だけの個人技ではなく、組合の全役員が同じように話を聞きだし、より現場に即した要求を組み立てられるように、夏には勉強会を開いている。50人くらいが参加し、こうした会話の基礎を学び、学校訪問にいく。

「税金を払いたくない自治体、そして裕福な企業相手に要求をのませるように、私たち自身を訓練しているのです。労組のリーダーの仕事は、前例がなくても、必要なことを話し合い、丁寧に考えようと伝えること。正しい問いをたてることが重要です」

次世代も育っている。ポター副会長は2023年秋、シカゴであったUAWのストに連帯を示すために参加した。そのとき、シカゴの自動車工場で働く教え子二人もストに参加していて、声をかけてくれた。

「先生、来てくれてありがとう。こうやって活動することは、先生から学びました」

これまで労働協約が定まると、中身について市民だけではなく、生徒会にも説明していた。ただ今後、労働協約の中身を考える段階から、市内の全児童や生徒が参加できるかたちで、子どもたち自身の声を聴く場をつくることも考えているという。

教育委員会と労働組合をつなぐ専門コンサル業

シカゴの場合は、こうした労組の活動が、政治まで広がった点も特徴だ。

２０１２年、歴史的なストをした直後、当時の市長が、それまで以上の閉校を断行した。ポター副会長は「報復のために政治的な権力が使われたことは明らかだった。教育委員会は学校の教員、子どもたち、その家族の声を聴いていなかった。市長が妨害するなら、市長を代える必要がある。当時の教組の会長は体調が理由で政治的な挑戦は難しくなったが、私たちにはその可能性があると思うようになった」と政治の動きをすすめた理由についてこう語った。

２０２３年のシカゴ市長選で、労働組合出身の市長と市議が選出された。市議はかつての草の根の活動でハンガーストライキをした人物だ。

就任後、すべての教員に12週間、有給での育休を実現した。今まで以上に労組に入りたい人たちがでてきた。

私が訪れた当時、組合に対しては、逆風が吹いている面もあった。

ポター副会長は「まだ変えないといけないことがたくさんある。いまの市長も多くの課題をいっぺんに向き合わざるを得ず、私たちも常に批判にさらされている。でもそれでもより良い変化をもたらせることを示したい。僕たちがやればよくなる。批判も受ける、その責任もふくめて負っていきたい」と話した。

ＣＴＵの活動は、全米に広がりつつあり、各地の教育委員会と労働組合をつなぐ専門のコンサル業まで生まれているほどだった。また労組が地域の別の団体とつながって社会全体のための利益に向けて活動することも、公共の利益のために労組がはたらく「バーゲニング・フォー・ザ・コモングッド（公益のための交渉、ＢＣＧ）」と呼ばれ、教育と地域の貧困だけではなく、ビジネスと環境問題などにも広がりを見せている。

多くの労働組合は社会活動にかかわっているが、それでも他団体と交渉のテーブルにともについて活動するのは、新たな動きだ。伝統的な労組は、社会と向き合うことで自らの役割を再定義しているのだ。

ＢＣＧの活動を戦略面で支える一つが、ワシントンＤＣにあるジョージタウン大学だ。同大カラマノビッツ・イニシアティブのフェローであるスティーブン・ラーナー氏によれば、ＢＣＧは「リーマン・ショック後に労組への批判が集まった中で防御的になるのではなく、いいことをやって攻めの姿勢でいこうと考えて始まった」。ジョージタウン大だけではなく、ラトガース大学など複数の大学が協力し、ニューヨーク州、カリフォルニア州、オレゴン州、ミネソタ州、マサチューセッツ州、テネシー州、フロリダ州など、全米のさまざまな地域に輪を広げ、さまざまな業界の労組が、公益のための交渉に動き出せるように支援している。

スティーブン・ラーナー氏自身、長く労働組合で働き、サービス業の従業員が参加する産業別組合ＳＥＩＵ（Service Employees International Union）などを経てきた。現場経験が豊富なラーナー氏は「労組とＮＧＯなどの地域団体はときに同じような活動をしていて、ときにライバルになってしまうこともある。中立的な立場の大学が間に入ることで、連携を進めやすくするときがある」と話した。

大学にとっても、大学生の多くは、返済義務を負う奨学金を抱えて、決して良いとは言えない労働環境で働き出している状況がある。若い人の間では、労組への関心も高まっており、大学にとっても労組が重要という側面もあるという。

第19章　新しい「労組」の誕生
――グーグルで始まった社会運動

シカゴ教組に代表されるような社会とつながる「バーゲニング・フォー・ザ・コモングッド」など、伝統的な労働組合が社会とつながり、世論に再評価されだした時期、２０１０年代の米国にはもう一つ大きな流れがあった。若い人を中心とする社会運動だ。

金融業界に対するオキュパイ・ウォール・ストリート（「ウォール街占拠」）から始まり、ブラック・ライブズ・マター（「黒人の命は大切だ」）といった社会運動が盛りあがった。最近の過去２回の米大統領選には民主社会主義を掲げるサンダース上院議員がリベラルな若い層をひきつけ、ＳＮＳでも活動が広がっている。

それは、米国の代表的なＩＴ企業のグーグルでも同様だ。経営に対する意見を伝えながら、働き手の労働条件を改善する運動が始まった。

運動の起点に２０１１年、経営に対して、当時主流だった実名でしか登録できないＩＴサービスは、人によっては危険を伴うのでやめるべきだと進言した。２０１５年には賃金の不平等が男女や人種で生まれていないかを確認し、2018年には、セクハラをおこなった幹部が解雇されず9千万ドルの退職パッケージが与えられたことから抗議するため、従業員が「真の変革のためのウォークアウト」という職場から歩いて出るという行動にもでた。国防総省からAI開発を受注したことに対して、今後は戦争に使われる技術を開発しないことを約束するよう求めるといった運動を積み重ねた。

アマゾン転職社員が惹かれた理由

2021年には、アルファベット・ワーカーズ・ユニオン（AWU）という労働組合が作られた。なぜ労組にたどり着いたのか。執行委員になったスティーブン・マクマートリーさん(30)はこう説明してくれた。

「(社会運動の) 力の結集をもっと恒久的にしたかった」

グーグルでは、毎年のようにデモを繰り返した。しかしその時々で、力が分散してしまう。こうした力を溜めていく枠組みとして、労組という形が最適だったのだという。

IT技術者のマクマートリーさんがグーグルに転職したのは、こうしたグーグル社員が同時期にさかんに取り組んでいた社会運動にひかれたからだった。その直前に働いていたアマゾンでも、環境問題で運動をしていた。

かつてはIT業界も転職がさかんで、多くが起業を夢見ていた。だが新作のアイフォンが出るたびにお祭り騒ぎで、新しい機能をいかしたアプリなど付随するサービスが生まれたIT業界も、だんだんと成熟しだした。そのうえ「解雇」にも直面するようになっている。

マクマートリーさんは言う。

「みんな自分が次のザッカーバーグだ、いまは仮の姿だと思っていた。でも今いる職場を改善することが大事だって気づきが生まれている。若い世代の間で労組をつくることへの関心が再燃している」

それはIT業界にとどまらない。たとえばスターバックスなどもそうだが、今、新たにできている労働組合の結成は、若い世代が中心だ、という思いがマクマートリーさんにはある。

「若い世代の間で、労組をつくることへの関心が再燃しているんです」

2023年1月、グーグルが世界で約1万2千人を解雇すると発表した。これを受け、AWUには一気に約200人が加わった。

組合員は北米各地に分散しているため、活動はもっぱらオンライン上で行われることが多い。同年1月、オンラインの会議ツール上で、メンバーの女性が「(会社が示した)解雇についてどう感じている？　チャット欄に書いて」と呼びかけると、すぐにつぎつぎとメッセージが寄せられた。

ちなみに世界をリードするＩＴ企業だが、オンラインでの会議システムといった自社のサービスはほとんど使わない。執行委員スティーブン・マクマートリーさんは「ＡＷＵはソフトウェア開発者が多いので、セキュリティーとデータ保護の重要性は認識している。重要な資料を雇用主からある程度隔離することは良い習慣だ」と話す。

ＡＷＵの場合、ＵＡＷなどと大きく異なるのは、米国の法律下で、雇用者との団体交渉権が認められていない点だ。団体交渉権を得るには、米政府の全米労働関係委員会（ＮＬＲＢ）の監督下でおこなわれる従業員投票で、過半数の支持が必要だが、ＡＷＵは過半数支持に至っていない。

団体交渉する単位で労働組合を結成するのが一般的だが、ＡＷＵは、非正規も含めたグーグル社員と下請けで働く従業員ら１４００人が参加し、結成した。「利益の最大化より、社会の幸せや環境を優先しなければならない」と掲げる。

下請け社員も含めて労働組合を結成することについてスティーブンさんはこう話す。

「業界構造が見えることが大事。自分の仕事の領域以外も理解して、ともにたたかうため」

そして下請け企業のなかで、過半数の支持が得られれば、その企業内労働組合は団体交渉権をえて会社と交渉をし、そして必要な待遇改善を進めている。

公正さを掲げる労組として、ともに闘う姿勢を貫く。そうした理想を掲げながらも、現実的なのだ。新たな権力の一翼といわれるＧＡＦＡの中から、社会運動を通じて既存の労組の枠組みを問い直し、広げる挑戦が始まっている。

米国の労組に詳しい明治大学の山崎憲准教授は「ＡＷＵは『今までの労組じゃない』と掲げ、声をあげる存在として活動する。これは米国で出てきている最も新しい姿だ」と話す。

「幽霊労働者」に支えられるＡＩの検索アルゴリズム

スティーブンさんは労組をつくったからこそできていることは大きい、と考えている。その一つが政策提言だ。

ＡＩの登場は、労働市場に影響を与えているが、ＩＴ業界も例外ではない。

２０２３年９月、米労働総同盟・産別会議（ＡＦＬ－ＣＩＯ）は、ＡＩ規制の議論が進むなか、ＡＩ倫理について議論する米議会の公聴会で発言しているＡＷＵ組合員のエド・スタックハウスさんの動画をＸ（旧ツイッター）に投稿した。

「ＡＩの安全性について、とくに労働条件の観点からの話し合いをしたい。対話をつづけて、労働条件を改善することで、ＡＩ商品の改善にもつなげたい」

スタックハウスさんは、自らをソフトウェア開発の技術者ではなく、検索やＡＩ品質の評価者であると説明。受け取っている賃金も社会保障も「適正ではない」という。

IT業界の仕事も、プログラム設計の仕事ばかりではなく、「幽霊労働者」と呼ばれるAIの検索アルゴリズムやチャットボットの訓練といった裏方とされる仕事に就く労働者に支えられている。しかし、AIが進展すれば、将来的にはそうした仕事がなくなる可能性がある。スタックハウスさんは政策担当者に「あらゆる労働者にとって公正であるべきだ」と訴えた。マクマートリーさんは「ワシントンの政策の現場で声をあげられたのは、労組があるからだ」という。

活動は米国にとどまらず、世界に広がり、日本や韓国でも始まっている。

「世界で6%の解雇」が発表された2023年1月、日本のグーグルで働くソフトウェアエンジニアの橋本良さん(38)も不安にかられた。

2011年に新卒で入った後、グーグルには労働組合がないことを知った。それが気にならないくらい風通しが良かった。ただ、次第に、お祭り騒ぎだった時代から産業が成熟するなかで、社内で自由闊達に話し合う空気が失われてきたようにも感じていた。

解雇発表から1週間たっても、なにも動きは生まれなかった。だから関心をもった人たちと日本の労働法についてメールで共有するようになった。そのうち社内のチャットで、AWUが会社外でやりとりできるチャットスペースを開放し、国ごとに専用のスペースをもうけていることを知った。そのチャットスペースで、日本で働くグーグル社員で問題意識が重なる人たちと出会い、日本での労組結成に向けて動きだし、橋本さんが代表になった。

2023年2月、アマゾンの働き手の労組支援もおこなう全国ユニオン傘下の東京管理職ユニオンと出会い、会社とどう対峙するのかといった、これまでの労組の経験に基づいたアドバイスを受けた。

当時、リストラ対象となった人たちの雇用は維持されているものの、それまでとは違う仕事をさせられていた。

橋本さんは「そうした仕事の中にはあまり重要ではないとされる仕事も多く、人事評価が下がり上司らからは今年のボーナスの額が下がるだろうとすでに言われている人たちが多くいる」と話す。かつてグーグルは障がい者とのかかわりや活動を大事にしていたが、こうしたことは評価の対象ではなくなっているともいう。組合ではこうした一つひとつを会社と協議し、解決を目指す。日本で働くグーグル社員らでつくるグーグルジャパンユニオンは8割以上が外国籍で、組合活動は英語でおこなっている。日本の労働法制は橋本さんが、英語に翻訳しながら協議している。

日本のグーグルでは、経営陣も参加する全社員集会がある。そこで労組ができた2023年から、経営陣に対して厳しい質問も出るようになった。橋本さん自身もリストラのありかたなどを質問した。

「労組を通じて同じ問題意識を持つ人たちに出会えた。つながりが生まれて、自分ひとりじゃないと思えるからこそ、そうした質問ができる」。そうした活動の積み重ねによって、少しずつ以前のような自由に話し合えるグーグルに戻ってきた手ごたえは感じているという。

連携はグローバルだ。組合員の一人、上野クリスさんは英語が母語で、AWUや欧州の労組とも情報を交換している。それぞれ労働法制は異なるが、会社側の対応や各国の労組の動きをみながら日本での対応方針を決められるからだ。

2023年4月に韓国でもグーグルで働く人たちの労働組合が生まれた。グーグルのユニオン、略して「ギュニオン」の愛称で135人が参加する。橋本さんは「日本の動きに影響を受けた」といわれたことが励みになったといい、オンライン上で会議をするなど、連携も深めている。

2024年4月、橋本さんは米国のレイバーノーツが主催するイベントで、IT企業の労組の一つとして登壇。日本では「日本のリストラで行われるのは解雇ではなく退職勧奨で断れば会社にいられる。アメリカのように突然解雇はされることはめったにない」と話すと、そのたびに「すごい」と歓声があがった。

「日本はこんなに法制度は恵まれているのに、なぜアメリカのような運動が広がらないんだろう」。そんな問題意識をもった。

6月には世界中のグーグル系の労働組合が集まる会議にオンラインで参加し、日本の状況を報告した。過半数代表者を選ぶ選挙で、会社側に近い候補者が立ったが、労組から出た自分が過半数代表者に選ばれたことを伝えた。自信を深めた出来事だったが、その後聴いていると、欧州各国では、経営評議会が制度化され、組合がある国のグーグル法人では組合員が経営評議会に選出されるのは自然なことという雰囲気を感じた。ほかの国の報告事項に圧倒され、自分が小さく感じられてしまった。

「日本は労働者保護に手厚いと言われがちだが、もっと手厚い国もあるし、組合活動が重視されている国もある」。そんな現実も知った。

同じグーグルという企業で働いていても、国によって、それぞれの労働法制や労働組合のおかれている社会環境も異なる。日本ではどのように声をあげていくべきか。そう考える橋本さんが、気になっていることがある。

グーグルジャパンユニオンは、組合員の8割が外国籍だ。雇用と在留資格が直結するのでより切実ということもあるだろうし、そもそも声をあげることがより自然におこなわれる社会的な背景の違いもあるのだろう。ただ、労働組合に入らずすぐに解雇を受け入れたり、転職したりするのは日本人の働き手に多く見られる。そして、そうした転職はほとんどの場合、賃金が下がる傾向があるようだ。橋本さんは言う。

「権利があるのだから、今いる場所で問題があっても向き合って、改善していこうとすることも必要だ。そんな意識がもっと日本人の働き手自身に必要ではないか」

労働組合のおかれた環境も、労働運動も各国によって異なる。だが日本で、労働組合という自分たちで職場の問題を解決する枠組みに参画して、改善しようという試みが広がらないのは、声をあげることが難しい社会風土に加え、私たち自身の権利に対する意識の違いもあるのかもしれない。

だが、グーグルしかり、今後は労使関係が一層グローバル化していくことが見込まれる。そのとき、日本では働き手が声をあげないために、対等な労使関係を築きにくく、労働条件が劣後されるようなことがあれば、国際競争力といった観点から考えても、日本にとって望ましいことではないだろう。

子どものころからの教育、大人になってからの学び。そうした地道な積み重ねしかないのかもしれない。もちろん、日本でも、そのためのたゆまぬ努力がこれまでもあったとは思う。

だが、日本が少子化対策の一環でも参考にする北欧のジェンダー政策は約40年前に始まったといわれるが、その源流となっているのは、労働組合の政策だ。労働運動が盛り上がる米国で存在感を放ったレイバーノーツができたのも45年前。先駆的に見える各国も、一朝一夕にできたわけではない。現時点で、目の前に広がる風景の違いを見ながら、私たちはこれからどんな社会をのぞむのか。問われているのは、私たち自身なのだろう。

おわりに

働き手の祭典といわれるメーデーで、2024年は5年ぶりに、コロナ禍ではおこなわれなくなっていたデモが再開された。労働組合の役員や組合員たちが、青山霊園周辺や表参道の公道を練り歩いた。とりわけ目を引いたのは、トラックなどの輸送分野で働く人たちの産業別組合、全日本運輸産業労働組合連合会（運輸労連）の一部の参加者だった。

のぼり旗がはためき、おそろいの黄緑色のジャンパーを着て、拳をつきあげる人たちの姿もあった。しかし列の中盤あたり、丸運労働組合の参加者たち約30人はロングスカートなど思い思いの洋服を着て、横断幕を広げて、おしゃべりしながら歩いていた。まるで表参道の歩道を歩いていた人が、そのまま参加しているかのようだった。

実は運輸労連では、連帯感のため、おそろいのジャンパーの着用を促していた。運輸労連に加盟する丸運労組では、首藤俊之中央執行委員長（40）ら組合の専従者はそのジャンパーを着たが、ほとんどが事務職でふだんから私服で働いている組合員の多くは、仕事時と変わらない格好だった。首藤委員長は、デモ参加者の多くが私服だった理由としては「おそろいのジャンパーを全員分購入していないだけ」と打ち明けつつ、「組合員の個を大切にしたい」という強い思いがあることも語った。

丸運労組ではこのデモを、新入社員や若手に労組を知ってもらうオリエンテーションと位置づけている。何かを強制されたと感じる場ではなく、楽しんでもらいたいという思いがあるのだという。だから歩きやすい格好で、としか伝えていない。

「『ジャンパーを着たい』と組合員が言い出せば着てもらいます。運輸労連に対しては居たたまれない気持ちもありますが、組合員に着用をお願いすることは考えない。組合としてはボトムアップ中心で考えていく」

運輸労連も、それぞれの組合の考えを尊重するスタンスだ。

2006年入社の首藤委員長が意識していることがある。

「若い世代にとっては、今まで当たり前にあった休日の組合活動も負担になるから、開き方は工夫している。闘うという表現も忌避されるので、『春季生活闘争』ではなく『春季生活交渉』と言うようにしている」

どうやったら労働組合の意義を次世代に理解してもらいながら、つなげていけるのか。現場では試行錯誤が続いている。

この本のベースとなる朝日新聞「GLOBE」2024年1月7日号で、「労働組合の新境地」を企画したのは、記者として私自身が、一種の「労組パッシング」を感じていたからだった。

労組パッシングとはすなわち、労働組合を素通りして議論が進む、という状況を私なりに表現した言葉だ。1990年代、経済分野で存在感が小さくなった日本に対し、海外の政治家や、投資する海外企業の関心がうすれ、ほかのアジアにうつっていったとき、「ジャパン・バッシング」(日本批判)をもじって、「ジャパン・パッシング」と呼ばれた。そこに変わらずあるのに、存在感を保てずに、選ばれず、ときに回避される——。近しい状況を労働組合に感じた。

リーマン・ショック直後の2009年、製造業がさかんな三重県で記者として勤務していたが、外国人ら非正規で働く人たちが真っ先に雇用調整で仕事を失っている状況があった。非正規で働く人たちを十分に守れていない連合や労働組合への批判も聞いた。

だが、コロナ禍の2020~21年、経済部で連合など労働組合や労働分野を取材したが、非正規の人たちの苦境は聞いても、連合への批判はあまり聞かなかった。コロナでは、人と人が接触しづらい環境もあるなかで、コロナ相談村が開かれたが、「年越し派遣村」のような大きな動きがうまれづらかったという違いはある。

およそ10年しかたっていないが、連合や労働組合が、人々が抱えた雇用不安を受け止める受け皿としての期待をもたれなくなっているのではないか。そして労働組合自身も社会とのつながりが、希薄になっているのではないか、と取材する立場から感じた。その意味で、梅崎教授の労働組合をめぐる調査では、20年前との比較があったが、取材の体感としては、この10年ほどでも、悪化しているように感じている。

米国で盛り上がる労働運動を取材し、その問題意識を伝えると、シカゴ教職員組合のスミス氏は、「社会とつながることが本質だ」と言っていた。ジョージタウン大学フェローのラーナー氏は、「世論の後押しが労働組合の交渉力につながる」とも話した。

米国出張中、労働組合以外の人にも「労働組合の取材に日本から来た」とあえて話して、反応をみた。空港で働く人、タクシーやライドシェアの運転手たち、高校時代の友人。中には、労働組合を批判する人たちもいた。それでも誰もが存在感を感じていた。

そんなことを考えながら飛行機を降りて、ふと思い出した言葉があった。「やっぱり、労働者の現実を直視して大衆運動を組織する側面もないと、何かを大きく推進できない」。日本女子大の高木郁朗名誉教授（故人）をインタビューしたときに言われた言葉だった。格差と公正さと向き合って、社会に支持され、躍動する米国の労組を見て、こういうことを思い描かれていたのかな、と思った。

私自身は仙台総局、津総局、経済部、政治部で連合を担当した。自省をこめていえば、労組を春闘の担い手としてや、政治的な文脈で報じることが多かった。ただ格差が広がり、セーフティーネットの必要性がさらに高まる今こそ、労働組合の社会的機能がもっと注目されてもいい。

なぜ今、労働組合なのか。それは個人化され、格差が広がりやすい経済が広がる今の時代だからこそ、集団的に解決をめざす労働組合の仕組みが改めて、人々が働く場で抱える課題を解消し、社会に均衡を作り出そうとするための有効な政策ツール、カギになるのではないかと思うからだ。

IGメタルのウーヴェ・フィンクさんに、2022年春、オンラインの取材で、労働組合のミッションについて尋ねたときの回答に象徴されると思う。

「社会的な平和をつくることだ。いい賃金は、労働者の利益。一人の労働者ではそんなにできないが、みんなでやれば強さをつくれ、利益を守れるんだ」

おそらく賃金だけではなく、働き手にとって望ましい職場、暮らしと言い換えることもできるだろう。

「ジェンダー」という言葉は最近、社会に浸透するようになっている。ジェンダーという概念で照らすことで、政治でも、経済でも、社会でも、これまで光が十分当たらなかった社会経済の不均衡さや個々人の抱える課題が可視化され、社会問題として言語されることで、課題が広く構造的に認識され、解決に向けた意識が共有されるようになってきた。

厳密には違うところもあろうかと思うが、私は「労働組合」も同じような効果を持ちうる面があるのではないかと思う。賃上げやハラスメント対策をはじめとする身近な課題から、経済や社会の構造問題まで、労働組合がきちんと運用され、効果的に機能すれば、解決が進むものが多いのではないか。少なくとも、労働組合が無力化されないことで、格差の広がりを抑え、バランスを作り出そうとすることができるだろう。

取材の過程で、労働組合のあるべき姿や役割について話すと、ときに「理想主義的すぎるのではないか」という反応を受けることもあった。でもこれから縮小する時代を迎えつつある日本では、今ある社会的資源をどう生かしていくかを考えることがきわめて現実的ではないだろうか。

私は2003年に大学を卒業し、06年に文系の大学院を修了した。当時は「非正規が新しい働き方だ」と言われていた時代。高校のころに山一證券などの倒産を目の当たりにしてから大学に入学し、大手企業だからといって安泰ではない、自分のやりたいことを通じて、キャリアを考えないといけないという意識を強くもたされた私たちの世代は、就職活動も「氷河期」の後期といわれた時期で、今では想像できないかもしれない風景が広がっていた。さらに、セーフティーネットが十分でない社会の厳しさを知るのは、みんな働きだした後だった。

それぞれの経験が違いすぎて、この時代について語る難しさはある。ただ、一つ体感としていえるのは、取材などで出会うさまざまな業界の同世代の多くが、それぞれに複雑な思いを持ちながら、今後の日本について不安を抱えていることだった。私自身はとてもその境地に達していないが、最近取材した、同い年の女性の言葉が心に残った。「私たちの世代は痛みをより多く感じる場面があったかもしれない。だからこそ優しい時代が作れるのではないか」。

時代の変化もあるし、世代ばかりを強調したくもない。かつてより、やりたいという人々の思いも、より積極的かもしれない。でも今のように、企業にとって負担が軽くなりやすいフリーランスや副業の旗が振られ、賃上げにつながる昇級や仕組みづくりが進まずに個人の力量ばかりに焦点をあてた転職支援の政策をみると、あの当時の空気と似ているように感じる。

働き方とセーフティーネットは、個人の人生に直結する。これを個人の責任のみに帰したことが、いまの少子化の要因にもなり、結局は社会問題になっている。社会がさらに流動化していくならば、同時に、格差が広がることを念頭にセーフティーネットを十分に確保していくべきではないか。

そして、あのときの教訓が、労働組合が働き手を守る防波堤になれなかった、ということだったならば、まずは、いまは十分に機能しているのか、機能できていないならその阻害要因を取り除き、対策を考えるべきではないか。それだけでは不十分だということで、代わる方策を模索するならば、今あるものを毀損《きそん》しないやり方を考えないと、働き手にとっては不安定さを増すことにつながりかねない。

次の世代には、少しでも社会経済構造のバランスが整ったかたちを残していきたい。素朴にそう思う。そして、そのための社会のピースの一つが労働組合なのではないかと思うのだ。

労働組合が社会とどのようにつながり、どのような役割を担うのか。改めてその位置づけを考えるべき時期にきているのではないか。

今回限られた時間の中で、本当に多くの労働組合や関係者の方々に取材のご協力を頂いた。また、労働組合にかかわらない方々との対話からもさまざまな示唆を頂いた。ここではすべてを紹介しきれていない。お一人おひとりに心から感謝している。

労働組合のテーマは取材すればするほど、歴史が深く、テーマも多岐にわたる。新たな視点や取材の機会を頂きながら、本に書ききれなかったことは、今後の課題とさせていただきたいと思っている。

本書は、中央大学の中北浩爾教授が出版を推薦してくださった。編集者の中島美奈さんには、初めての単著の編集作業を一から支えていただいた。改めて御礼を申し上げたい。

そして米国での労働組合取材の機会、本の執筆を認めてくださったＧＬＯＢＥ編集部にも感謝している。
この間、支えてくれた家族も、本当にありがとうございました。

2024年12月

藤崎麻里

文中の年齢は朝日新聞ＧＬＯＢＥ２０２４年１月７日号掲載時、もしくは取材時点のものです。

藤崎麻里 ふじさき・まり
1979年生まれ。朝日新聞記者。経済部、政治部などを経て、GLOBE編集部。経済部では経済産業省、エネルギー、金融、IT、総務省、連合など労働分野を担当した。一橋大学大学院社会学研究科ならびにロンドン・スクール・オブ・エコノミクス（LSE）大学院国際関係学科で修士課程を修了。共著に『「新しい戦争」とメディア――9.11以後のジャーナリズムを検証する』。

朝日新書
986

なぜ今《いま》、労働組合《ろうどうくみあい》なのか

働く場所を整えるために必要なこと

2025年1月30日第1刷発行

著　者　藤崎麻里

発行者　宇都宮健太朗
カバーデザイン　アンスガー・フォルマー　田嶋佳子
印刷所　TOPPANクロレ株式会社
発行所　朝日新聞出版
〒104-8011　東京都中央区築地5-3-2
電話　03-5541-8832（編集）
　　　03-5540-7793（販売）

Published in Japan by Asahi Shimbun Publications Inc.
ISBN 978-4-02-295299-8
定価はカバーに表示してあります。

落丁・乱丁の場合は弊社業務部(電話03-5540-7800)へご連絡ください。
送料弊社負担にてお取り替えいたします。

底が抜けた国
自浄能力を失った日本は再生できるのか？

山崎雅弘

専守防衛を放棄して戦争を引き寄せる政府、悪人が処罰されない社会、「番人」の仕事をやめたメディア、不条理に従い続ける国民。自浄能力が働いていない「底が抜けた」現代日本社会の病理を、各種の事実やデータを駆使して徹底的に検証！

蔦屋重三郎と吉原
蔦重と不屈の男たち、そして吉原遊廓の真実

河合 敦

蔦重は吉原を基点に、黄表紙や人情本、浮世絵など次々と大ヒットを生み出した。いっぽう幕府による弾圧にもめげず、歌麿や写楽に大首絵を描かせたり、政治風刺の黄表紙を出版するなど、反骨精神あふれる蔦重の生涯を天才絵師・戯作者たちと共に描く。

脳を活かす英会話
スタンフォード博士が教える超速英語学習法

星 友啓

世界の英語の99・9%はナマッている。だからこそ脳の欲求の赴くままに自分なりの英語で世界と遊べ！ 脳科学や心理学、AI時代のアイテムを駆使して、コスパ良く楽しくネイティブと話せる術をスタンフォード・オンラインハイスクール校長が伝授。

子どもをうまく愛せない親たち
発達障害のある親の子育て支援の現場から

橋本和明

「子どもには愛情を」。児童相談所の一言が、なぜ虐待を加速させたのか？ 発達障害のある親は育児で大変な苦労をすることがある。虐待やネグレクトが起きてしまう実態と対策を、豊富な実例とともに紹介。子育ては愛情ではなく技術である。

ほったらかし快老術
90歳現役医師が実践する

折茂 肇

元東大教授の90歳現役医師が自身の経験を交えながら、快い老い方を紹介する一冊。たいていのことはほったらかしでよく、大切なのは生きがいと骨。落ち目同士で群れない、手抜きしないでオシャレをする…など10の健康の秘訣を掲載。